화인 디아스포라의 이주 흐름과 초국가적 공동체

저자

김혜련 전남대학교 세계한상문화연구단 전 연구교수
한성대학교 이민 · 다문화트랙 조교수, 국제학 박사

국민호 전남대학교 사회학과 교수, 사회학 박사

임채완 전남대학교 정치외교학과 명예교수, 정치사회학박사

리단 부경대학교 국제지역학부 중국학 전공 교수, 정치학 박사

Uzi Rebhun 이스라엘 예루살렘 히브리대학교 교수

전남대학교 세계한상문화연구 7차 총서 02

화인 디아스포라의 이주 흐름과 초국가적 공동체

2021년 7월 20일 초판 인쇄
2021년 7월 25일 초판 발행

지은이 | 김혜련 · 국민호 · 임채완 · 리단 · Uzi Rebhun
펴낸이 | 이찬규
펴낸곳 | 북코리아
등록번호 | 제03-01240호
주소 | 13209 경기도 성남시 중원구 사기막골로 45번길 14 우림 2차 A동 1007호
전화 | 02-704-7840
팩스 | 02-704-7848
이메일 | ibookorea@naver.com
홈페이지 | www.북코리아.kr
ISBN | 978-89-6324-801-1 (93300)

값 17,000원

• 이 저서는 2016년 대한민국 교육부와 한국연구재단의 지원을 받아 수행된 연구임 (NRF-2016S1A5B8925665).
This work was supported by the Ministry of Education of the Republic of Korea and the National Research Foundation of Korea (NRF-2016S1A5B8925665).

전남대학교 세계한상문화연구 7차 총서 02

화인 디아스포라의 이주 흐름과 초국가적 공동체

Chinese Diaspora: Migration flows and transnational communities

김혜련 · 국민호 · 임채완 · 리단 · Uzi Rebhun

북코리아

┃총서를 펴내며┃

이 총서는 전남대학교 세계한상문화연구단이 2010년도 한국연구재단 대학중점연구소지원사업으로 선정된 "민족분산과 지구적 소통으로서 디아스포라 연구"라는 연구과제 중 제3단계 연구주제인 "디아스포라 공동체와 지구적 소통"이라는 3년간의 연구과제 중 제1차년도에 해당되는 내용으로 1년간 수행한 연구결과물을 엮어 책으로 출간한 것이다.

본 연구소가 수행하고 있는 중점연구 제3단계의 연구목표는 한국, 중국, 일본 등 동북아 디아스포라의 공동체와 지구적 소통을 밝혀내는데 있다. 제3단계 3년간 수행될 연구내용을 살펴보면, 제1년차에는 해외 한인, 화인, 일본인이 그들의 거주국 내에서 형성하고 있는 초국가적 공동체와 이주 흐름(民流)을 밝혀 이를 유형화하는 작업을 수행했다. 이 과정에서 민류학의 개념을 활용해 한인, 화인, 일본인의 이주 흐름을 비교 분석하고, 각 민족공동체 내부의 소통양식과 구조를 밝히며, 한국, 중국, 일본의 디아스포라의 이주 흐름 양식에 나타난 보편성과 특수성을 규명할 것이다. 1년차는 또한 초국가적 경계에 걸친 한인, 화인, 일본인의 가족단위, 사회조직, 민족공동체 등을 조사 연구하고, 그 속에 들어 있는 소통기제를 밝힌다. 초국가적 경계에 걸친 탈영토적 삶과 소통의 사례로서, 최근 한국민들 사이에서 북미 지역의 공간을 중심으로 초국가적 가족제도인 '기러기 가족'을 형성하거나, 다양한 크고 작은 디아스포라 공동체가 탄생하고 있는 것도 이러한 사례에 해당한다.

2년차는 글로벌 시대 분산민족 공동체와 초국적 소통 기제를 밝힌다. 이를 위해 민류학 개념 틀을 적용한 해외 한인, 화인, 일본인의 소통코드를 찾아내고, 글로벌 민족공동체 내부의 소통양식과 구조를 밝히며, 궁극적으로 이러한 디아스포라 공동체의 소통양식에 나타난 보편성과 특수성을 규명하고자 한다. 구체적으로 해외 한인, 화인, 일본인의 공동체와 초국적 소통 기제를 비교 분석하기 위해 민류학 개념 틀을 적용한 각국 디아스포라의 소통코드와 작동양식을 규명하고, 글로벌 민족공동체 내부의 소통양식과 구조를 심층적으로 분석하고자 한다. 그리하여 초국가적 공간에서 각국의 소통양식에 나타난 특수성과 보편성을 밝힐 것이다. 또한, 21세기 한국, 중국, 일본의 민류 실태와 다민족 · 다문화 지표 비교연구를 위해, 한국, 중국, 일본의 국적법과 귀화정책을 비교하고, 이들 3국의 인구유입 및 유출 실태를 밝히며, 한국, 중국, 일본의 다민족 · 다문화 지표를 개발하여 비교할 것이다.

3년차는 21세기 한국, 중국, 일본의 민류 실태를 비교 분석하고 새로운 지표를 개발하여 다민족 · 다문화 수용도를 조사할 것이다. 구체적으로 한국, 중국, 일본의 국적법과 귀화정책을 검토하여 다민족 · 다문화 수용도를 비교하고, 한국, 중국, 일본으로 유입되는 이주민들을 상대로 심층면접과 설문조사 등을 병행하여 이들 국가에서 사용되는 배제와 적응기제를 밝히고자 한다. 이를 통해 다민족 · 다문화 성숙도를 고찰할 것이다. 마지막으로 3단계 3년간의 연구성과는 아카이브 작업을 통해 '디아스포라 문화자원 DB'로 구축하여 후속연구에 유용한 자료를 제공할 것이다.

3단계 1차년도는 "해외한인, 화인, 일계인의 거주국내 공동체와 이주 흐름"이라는 주제로 연구를 수행하였다. 본 연구소는 중점연구 제1팀(해외한인 연구팀), 중점연구 제2팀(해외화인 연구팀), 중점연구 제3팀(해외일계인 연구팀) 등 3개 팀으로 구성하여 한 · 중 · 일 3국을 중심으로 동북아 디아스포라의 거주국내 형성된 공동체와 이주 흐름을 조사 분석하였다. 연구방법은 한인, 화인, 일계인의 3개국 사례연구팀을 구성하여 진행하였다.

해외한인팀은 3단계 1차년도 연구과제인 '해외한인의 거주국내 공동체와 이주 흐름'을 분석하기 위해 문헌연구, 현지조사, 설문조사 및 면접조사를 실시했다. 문헌연구는 중국조선족, 재일한인, 고려인 등 한인 디아스포라의 이주 흐름과 초국가적 공동체에 관한 선행연구들(논문, 단행본)을 검토, 수집했다. 현지조사는 해외현지조사와 국내현지조사로 나누어 실시했다. 먼저, 해외현지조사는 일본 도쿄 신주쿠 코리아타운을 방문하여 재일한인의 이주 동기, 사회적응, 초국가적 공동체와 민족네트워크, 코리아타운의 현안 등에 관한 기초자료 수집과 설문조사 및 면접조사를 진행했다. 다음으로, 국내현지조사는 서울 구로구 가리봉동과 영등포구 대림동에 집중 거주하고 있는 조선족과 광주 광산구 월곡동에 거주하고 있는 고려인을 대상으로 국내 이주 동기, 사회적응, 초국가적 공동체와 민족네트워크, 집거지의 현안 등에 관한 기초자료 수집과 설문조사를 실시했다.

해외 화인팀은 제3단계 제1차년도 연구과제 '화인 디아스포라의 이주 흐름(民流)과 초국가적 공동체'를 수행하기 위하여 문헌연구와 더불어 현지조사, 설문조사를 병행하여 연구를 진행하였다. 문헌연구는 해외 화인의 초국가적 공동체, 이주 흐름, 민족네트워크에 관한 다양한 선행연구를 수집하여 체계적으로 검토하였다. 현지조사는 2017년 2월 6일부터 2월 19일까지 일본에서도 화인 디아스포라들이 가장 밀집 거주하고 있는 도쿄(东京), 요코하마(横滨), 오사카(大阪), 고베(神户)를 방문하여 기초자료 수집과 설문조사, 인터뷰 등을 진행하였다. 설문조사는 2017년 2월 6일부터 5월 31일까지 화인 디아스포라와 밀접한 연관이 있는 일본 현지 조력자(요코하마화교총회 사무국장 자루위이, 고베화교총회 사무국장 스펑)를 활용하여 진행하였다.

해외 일계인팀은 3단계 1차년도 연구과제인 "일계인 디아스포라의 이주 흐름(民流)과 초국가적 공동체"를 분석하기 위해 문헌연구와 현지조사, 그리고 설문조사를 실시했다. 현지조사는 미국 LA리틀도쿄와 하와이 일계인 타운을 방문하여 문헌자료와 사진자료를 수집하였다. 일계인대상 현지조사의 목적은 중점연구 3단계 1차년도의 연구주제인 일계인들이 거주국 내에서 형성하고 있는 초국가적 공동체와 이주 흐름(民流)을 밝히고 이를 유형화하는데 있다. 구체적으로는 민류학의 개념을 활용해 일계인의 이주 흐름을 비교 분석하고, 각 민족공동체 내부의 소통양식과 구조를 밝히며, 일계인디아스포라의 이주 흐름 양식에 나타난 보편성과 특수성을 규명할 수 있는 연구자료를 수집하였다. 이와 같이 이번 총서는 3개 연구팀에서 실시한 현지조사와 설문조사, 면접조사 등의 자료를 활용하여 발간하기에 이르렀다.

마지막으로 이 책이 세상에 나오기까지 물심양면으로 도와주신 분들께 감사드린다. 이 책의 연구성과는 중점연구사업의 일환으로 동북아디아스포라 연구를 수행할 수 있도록 지원해주신 한국연구재단, 그리고 연구단이 주최한 각종 국내 및 국제학술대회에 참석하여 연구성과에 대한 발표자 및 토론자로 유익한 조언을 해주신 국내외 디아스포라 전문가 및 학자, 연구단 홍보에 아낌없이 지원해주신 언론 관계자들 덕분이다. 이들 모두에게 진심으로 감사드린다. 또한 이른 아침부터 늦은 밤까지 불철주야로 연구에 전념해준 학술연구교수를 비롯하여 공동연구원, 연구보조원들에게도 감사를 드린다.

2021년 7월

용봉골에서

저자 일동

서 문

전남대학교 세계한상문화연구단은 2010년 한국연구재단 대학중점연구소지원사업에 선정되어 "민족분산과 지구적 소통으로서 디아스포라 연구"라는 주제로 9년에 걸쳐 연구를 수행하고 있다. 제3단계에서는 "디아스포라 공동체와 지구적 소통"이라는 주제로 연구를 수행했으며, 이 책은 제3단계 제1차년도 연구주제 "해외 화인 디아스포라의 이주 흐름과 초국가적 공동체"를 규명한 연구결과물이다.

이주의 시대가 도래되고 초국적 인구 이동이 확대되면서 국경을 넘나드는 '탈영토화된 민족공동체' 이른바 디아스포라가 새로운 이슈로 부상하고 있다. 한인, 유대인, 일계인을 비롯한 다양한 디아스포라 집단 중에서도 세계적으로 주목받는 또 하나의 민족공동체가 바로 화인 디아스포라이다.

세계 각국에 산재해 있는 화인 디아스포라는 거주국에서 안정적으로 정착하고 있는 한편 일부가 귀환이주하거나 재이주하는 등 새로운 이주 흐름이 나타나고 있다. 화인 디아스포라의 초기 이산 과정에서 모국을 이탈하여 해외로 이주하는 것이 가장 주요한 이주 흐름이었다면, 최근 교통 · 통신의 발달과 함께 모국으로의 귀환이주, 제3국으로의 재이주, 순환이주 등 새로운 이주 양상이 나타나고 있다. 그 중에서 모국으로의 귀환이주가 대표적인 이주 흐름 중의 하나이다.

또한 중국 역사에서 배출한 화인 디아스포라는 전 세계에 산재해 있을 뿐만 아니라, 거주국에 정착하는 과정에서 중국 고유의 전통문화와 풍습, 언어와 음식 등 모국의 사회문화적 특성과 정체성을 새로운 정착지에 이식하면서 그들만의 민족집거지를 형성하였다. 따라서 한국, 일본을 비롯한 거주국에는 차이나타운이 조성되었으며, 다양한 화인 디아스포라 단체가 형성되었다. 이러한 단체는 화인 디아스포라 사회를 지탱하고 차이나타운을 유지하는 핵심 축 역할을 담당하고 있다. 그들은 화인 디아스포라 단체를 통해 정보를 교환하고 응집력을 강화하며, 모국어를 계승하고 전통문화를 보존한다. 화인 디아스포라 단체는 차이나타운이라는 민족집거지가 존재하고 발전하는 버팀목이라 할 수 있다.

이러한 배경 하에 이 책에서는 화인 디아스포라의 새로운 이주 흐름에 해당하는 귀화이주 실태를 살펴보고, 중국정부의 귀환동포정책을 중심으로 화인 디아스포라의 모국 귀환 원인을 규명하였으며, 한국과 일본에 정착하고 있는 화인 디아스포라의 실태, 화교단체의 운영 현황 및 역할을 세부적으로 파악하였다.

이 책에서 다루고자 하는 연구내용은 구체적으로 아래와 같이 세 가지이다.

첫째, 화인 디아스포라의 귀환이주 실태를 파악하고 그들의 모국 귀환 원인을 규명한다. 1950년대 이후 화인 디아스포라의 모국 귀환이 지속적으로 이루어지고 있으며, 2000년대 이후에는 해외 진출 중국 유학생의 귀국붐이 형성되고 있다. 이 책에서는 이러한 화인 디아스포라의 귀환이주 현황을 세부적으로 검토하고, 그들의 모국귀환 원인을 심층적으로 검토한다.

둘째, 한국화교의 한국사회 정착 실태, 그들의 디아스포라적 성격, 화교단체 운영 실태를 세부적으로 검토한다. 한국화교는 백여 년에 걸쳐 한국에 정착해왔으나, 여전히 주변화 되고 이방인으로 취급받고 있다. 이 책에서는 한국화교의 정치적 · 경제적 · 사회적 · 교육적 지위를 살펴봄으로써 그들의 한국사회 적응 실태를 검토하고, 그들의 다중정체성을 심층적으로 분석하며, 화교협회 · 동향회 · 중화총상회를 비롯한 화교단체 운영 실태를 파악한다.

셋째, 일본에 조성된 화인 디아스포라의 민족집거지 차이나타운의 현황을 검토하고, 화교단체의 역할을 조명한다. 이 책에서는 일본의 3대 차이나타운 중에서도 요코하마 쥬카가이와 고베 난킨마치를 중심으로 이러한 민족집거지의 형성 과정과 실태를 검토하고, 나아가 다차원적 민족공동체를 구축한 화교단체의 역할을 세부적으로 분석한다.

이 책의 내용들은 연구자들이 전문학술지에 게재한 논문을 기반으로 삼아 일부를 수정 보완하여 삽입하였다. 이 책에서 활용하고 있는 연구자들의 기존 논문은 다음과 같다.

김혜련 · 여병창(2012), "한국화교의 디아스포라적 다중정체성 고찰", 『국제언어문학』 25호; 전형권 · 김혜련(2012), "다문화시대 한국화교의 사회통합과 '인정의 정치'", 『21세기정치학회보』 22권 제1호, 김혜련 · 임채완(2015), "중국 귀환동포정책의 특징 분석", 『CHINA연구』 제18호, 김혜련(2016), "일본 요코하마 차이나타운의 모국상징기제 연구", 『동북아 문화연구』 제46집, 김혜련 · 리단(2017), "일본 화교 · 화인 민족집거지의 형성과 화교단체의 역할", 『동북아 문화연구』 제51집, 김혜련(2020), "중국 해외 유학생의 모국 귀환과 귀국 영향요인 분석", 『동북아문화연구』 제62집 등이다.

이 총서가 나오기까지 바쁜 일정 속에서도 심층면접과 참여관찰, 설문조사에 흔쾌히 응해주신 한국의 인천과 부산, 일본의 요코하마와 고베의 화인 디아스포라에게 깊은 감사를 표한다. 특히 현지조사와 자료수집 과정에서 도움을 주신 익명의 현지 조력자들에게 감사의 뜻을 표한다. 또한 현지조사에서 수집한 많은 자료들을 정리하고 도움을 준 연구보조원에게도 고마움을 전한다. 마지막으로 총서의 출판에 도움을 주신 북코리아 이찬규 사장님과 편집진 여러분께도 감사드린다.

2021년 7월

공동저자 일동

| 차 례 |

표 차례

사진 차례

그림 차례

I

머리말

1. 연구배경 및 목적

글로벌 시대의 도래와 함께 국제이주는 일반화되어 더는 특정 집단의 공간적 재배치만을 의미하지 않는다. 인간은 늘 새로운 기회나 삶을 찾기 위해, 혹은 빈곤과 충돌, 환경재해로부터 벗어나기 위해 이주를 선택하게 된다.[1] 이러한 초국적 인구 이동이 확대되면서 국경을 넘나드는 '탈영토화된 민족공동체' 이른바 디아스포라(diaspora)가 새로운 이슈로 부상하고 있다.[2] 국제이주는 단순히 물리적 · 공간적 이동만을 의미하는 것이 아니라, 디아스포라(diaspora) 고유의 전통문화와 풍습, 고유의 신앙과 의례체계, 음식과 언어 등 자신의 사회문화적 정체성을 새로운 정착지로 이식한다.[3] 디아스포라는 이러한 문화 이식과정에서 원주민과의 문화접변을 경험하며, 현지적응의 어려움을 극복하는 과정에서 민족집거지를 형성하게 되는 동시에 그들만의 민족공동체를 구축하게 된다.

한인, 유대인, 일계인을 비롯한 다양한 디아스포라 집단 중에서도 세계적으로 주목받는 또 하나의 민족공동체는 화인 디아스포라[4] 집단이라고 할 수 있다. "바닷물이 닿은 곳에는 화교가 있다(海水到处, 便有华侨)"는 말처럼 전 세계에는 약 4,543만 명[5]의 화인 디아스포라가 산재해있으며,

---

1 스티븐 카슬 · 마크 J 밀러, 한국이민학회 역(2013), 『이주의 시대』, 서울: 일조각, p. 25.

2 임영언(2011), "초국가시대 세계디아스포라 민족공동체의 변화 양상에 관한 고찰", 『한국동북아논총』 제59호, p. 232.

3 김경학 외(2005), 『귀화의 신화: 해외 인도인의 이주와 정착』, 서울: 경인문화사, p. 1.

4 해외에 정착한 중국계 이주민은 화교(华侨), 화인(华人), 화예(华裔) 등 다양한 명칭이 있다. '화교'는 해외에 거주하고 있지만, 여전히 중국 국적을 보유하고 있는 이주민을 가리키다. 다른 한편, '화인'은 중국 혈통을 가지고 있지만, 이미 귀화하여 현지 거주국 국적을 취득한 중국계 이주민을 가리킨다. 또한 '화예'는 거주국에 정착한 중국 이주민의 후예를 가리킨다. 이 책에서는 화교, 화인을 총괄하여 화인 디아스포라로 지칭한다.

5 中华人民共和国国务院侨务办公室: http://qwgzyj.gqb.gov.cn/yjytt/155/1830.shtml(검색일: 2021.01.13.)

그들은 상호보완적 네트워크를 구축해 초국가적 민족공동체를 형성하고 있다.

중화인민공화국국무원교무판공실(中华人民共和国国务院侨务办公室)의 통계자료에 따르면, 2010년 기준 전 세계에는 약 4,543만 명 정도의 화인 디아스포라가 세계 각국에 분산되어 있으며, 그중 동남아시아는 화인 디아스포라가 가장 집중되어 있는 지역으로 그 규모가 3,348만 명에 이르러 전체 화인 디아스포라의 73.5%를 차지하고 있다.

동북아시아에서는 한국, 일본을 중심으로 화인 디아스포라가 증가하고 있다. 법무부 출입국 · 외국인정책본부의 통계에 따르면, 2020년 10월 기준 한국 체류 외국인은 총 2,077,053명으로 집계되었는데, 그 중 중국 국적 이주민은 918,976명으로 전체 외국인 규모의 44.2%를 차지한다.[6] 중국 국적을 소지한 이주민은 1990년대 이후에 한국으로 유입한 신화교(新华侨)이다. 또한 타이완 여권을 소지하고 있는 이주민 규모는 19,628명으로 집계되었으며, 그들 대부분은 1880년대 이후에 이미 한국으로 유입되어 백여 년 동안 정착해온 구화교(老华侨)이다. 현재 한국 국내에는 대림과 자양4동에 신화교를 중심으로, 인천과 부산에 구화교를 중심으로 차이나타운이 조성되었으며, 화교협회를 중심으로 공동체를 형성하고 있다.

일본의 경우 2020년 6월의 통계자료에 의하면, 일본에 체류하고 있는 외국인 규모는 2,885,904명이며, 그 중 중국 국적 소지 외국인은 786,830명, 타이완 여권 소지 외국인 규모가 59,934명이다. 한국과 비슷한 맥락으로 일본의 화인 디아스포라도 제2차세계대전 이후 여전히 일본에 정착한 구화교(老华侨)와 중일수교 이후 새롭게 일본사회로 유입한 신화교(新华侨)로 구분된다. 일본으로 이주한 화인 디아스포라는 주로 일본의

---

6 법무부 · 출입국외국인정책본부 『2020년 10월 통계월보』, https://www.immigration.go.kr/immigration/1569/subview.do(검색일: 2021.01.25.)

도쿄(東京), 요코하마(橫濱), 오사카(大阪), 고베(神戶), 나가사키(長崎) 등 도시 지역에 정착하고 있다. 단일민족국가 일본에 정착하고 있는 화인 디아스포라는 완전히 동화된 것이 아니라, 여전히 그들만의 민족정체성을 유지하고 있다. 특히 요코하마, 고베, 나가사키에는 차이나타운이 형성될 만큼, 화인 디아스포라는 강한 민족응집력을 나타내고 있다.

중국 역사에서 배출한 화인 디아스포라는 전 세계에 산재해 있을 뿐만 아니라, 거주국에 정착하는 과정에서 중국 고유의 전통문화와 풍습, 언어와 음식 등 모국의 사회문화적 특성과 정체성을 새로운 정착지에 이식하면서 그들만의 민족집거지를 형성하였다. 따라서 한국, 일본을 비롯한 거주국에는 차이나타운이 조성되었으며, 다양한 화인 디아스포라 단체가 형성되었다. 이러한 단체는 화인 디아스포라 사회를 지탱하고 차이나타운을 유지하는 핵심 축 역할을 담당하고 있다. 그들은 화인 디아스포라 단체를 통해 정보를 교환하고 응집력을 강화하며, 모국어를 계승하고 전통문화를 보존한다. 아울러 화인 디아스포라 단체는 그들의 민족정체성을 유지하고 모국에 대한 향수를 표출하는 정착기제이기도 하다. 화인 디아스포라 단체는 차이나타운이라는 민족집거지가 존재하고 발전하는 버팀목이라 할 수 있다.

이렇듯 세계 각국에 산재해 있는 화인 디아스포라는 거주국에서 안정적으로 정착하고 있는 한편 일부가 귀환이주하거나 재이주하는 등 새로운 이주 흐름이 나타나고 있다. 화인 디아스포라의 초기 이산 과정에서 모국을 이탈하여 해외로 이주하는 것이 가장 주요한 이주 흐름이었다면, 최근 교통 · 통신의 발달과 함께 모국으로의 귀환이주, 제3국으로의 재이주, 순환이주 등 새로운 이주 양상이 나타나고 있다. 그 중에서 모국으로의 귀환이주가 대표적인 이주 흐름 중의 하나이다. 사프란(W.Safran)은 흩어진 민족으로서 디아스포라는 모국을 진정한 고향으로 간주하고, 언젠가는 모국으로 돌아갈려는 귀환의식을 간직하고 있다고 주장한다.[7] 모국귀환이라는 꿈은 모국 및 거주국 현실에 따라 달라진다. 돌아갈 수 있는 모국이 부재할 수도 있고, 모국이 정치적 · 사회적 이유 및 이데올로기로 인해 그들을 반기지 않는 경우도 있다. 아울러 이 집단은 이미 안정적으로 정착한 거주국을 이탈하는 대가가 너무 크거나, 잃는 것이 너무 많다고 판단할 경우, 모국으로의 귀환이라는 꿈은 유예되어 민족분산을 지속한다.[8]

이러한 맥락에서 이 책에서는 주로 두 가지 문제를 다루고자 한다. 하나는 화인 디아스포라의 새로운 이주 흐름에 해당하는 귀환이주 실태 및 그들의 모국 귀환에 영향을 미치는 요인을 분석한다. 다른 하나는 현지조사와 심층면접을 주요한 연구방법으로 선정하여 한국, 일본에 정착하고 있는 화인 디아스포라의 실태를 세부적으로 검토하고, 화교단체를 중심으로 구축한 화인 디아스포라의 민족공동체를 세부적으로 분석하고자 한다. 구체적인 연구 내용은 아래와 같다.

첫째, 문헌연구를 중심으로 화인 디아스포라의 새로운 이주 흐름 즉 귀환이주 실태를 검토하고, 그들의 모국귀환 영향요인을 세부적으로 파악한다. 화인 디아스포라의 초기 이산 과정에서 모국을 떠나 해외로 이주하는 것이 주요한 이주 흐름이었다면, 중국의 경제성장과 교통 · 통신의 발달로 인해 화인 디아스포라의 귀환이주가 확대되고 있다. 특히 1950년대 이후 동남아시아 정착 화인 디아스포라의 모국귀환이 가시화되었고, 2000년대 이후에는 세계 각국에 진출한 해외 유학생의 모국 귀환도 대폭 늘어났다. 따라서 이 책에서는 화인 디아스포라의 귀환이주 실태를 세부적으로 검토하고, 나아가 중국의 귀환동포정책을 중심으로 화인 디아스포

7 전형권(2007), "일본의 보수화와 재일한인의 국적문제: 디아스포라 정체성의 동학", 『한국동북아논총』 제43집, 2007, pp. 105-106.

8 정근식 · 염미경(200), "디아스포라, 귀환, 출현적 정체성: 사할린 한인의 역사적 경험", 『재외한인연구』 제9권 제1호, 2000, pp. 240-241.

라의 모국 귀환 원인을 파악하고자 한다.

둘째, 백여 년에 걸쳐 한국에 정착해왔지만 한국사회로부터 주변화된 한국화교의 실태를 검토하고, 그들의 디아스포라적 성격을 규명하며, 그들의 대표적 화교단체를 살펴본다. 중국인의 한국 이민은 진한(秦漢)시기 때부터 그 흔적을 찾아볼 수 있지만, '화교'라는 집단적 자의식을 보존하면서 별개의 집단으로 존재하기 시작한 것은 19세기 말부터이다. 한국화교는 한국사회에서 가장 오랜 이주 역사를 가지고 있는 이주민 집단이지만, 한국사회에 완전히 동화된 것이 아니라 여전히 그들만의 민족정체성을 유지하면서 공동체를 형성하고 있다. 따라서 연구팀은 한국화교의 이주 역사, 그들의 한국사회 정착 실태를 세부적으로 검토하며, 화교들의 다중정체성과 이러한 디아스포라적 성격이 형성된 원인을 파악하고자 한다. 아울러 한국화교가 거주국 사회에 완전히 동화되지 않고 그들만의 민족공동체를 구축함에 있어서 중요한 역할을 담당하고 있는 화교단체를 구체적으로 살펴보고자 한다.

셋째, 현지조사와 심층면접을 중심으로 요코하마 쥬카가이 차이나타운과 고베 난킨마치 차이나타운의 현황을 살펴보고, 차이나타운을 지탱하는 화교단체의 실태를 검토하며, 나아가 이러한 화인 디아스포라 민족집거지에서 화교단체의 역할을 체계적으로 파악하고자 한다. "당인가(唐人街)", "중화가(中华街)"로 불리는 차이나타운은 해외 정착 중국계 이주민이 거주국에서 중국특색의 거리를 이루어 형성한 민족집거지이다. 약 75만 명의 중국계 이주민이 정착하고 있는 일본에는 요코하마 쥬카가이, 고베 난킨마치, 나가사키 신치쥬카가이 총 3개의 차이나타운이 조성되어 있다. 연구팀은 요코하마와 고베에서 진행한 현지조사를 기반으로 차이나타운의 실태를 검토하며, 민족집거지를 지탱하는 화교단체의 운영실태 및 역할을 구체적으로 파악하고자 한다.

2. 연구방법

1) 문헌연구

문헌연구방법은 탐구하고자 하는 현상에 대한 정보가 있는 문서자료를 수집하고 분석하는 방법을 말한다. 문헌연구는 문서자료의 내용을 체계적이고 정밀하게 분석하여 관심 영역의 사회현상에 대한 통찰을 얻고, 그에 관한 이론검토, 가설검증, 결론을 내리고자 하는 연구방법이다.

이 책에서는 화인 디아스포라의 귀환이주, 민족집거지, 민족공동체와 관련된 도서, 논문, 사진, 보고서 등을 수집 · 발굴하여 화인 디아스포라의 이주 흐름과 초국가적 공동체를 검토하는 데 기초자료로 활용하고자 한다.

2) 심층면접

연구팀은 질적 연구를 중심으로 자료를 수집하고 분석하였다. 차이나타운을 지탱하는 화교단체의 유형과 특성을 파악하기 위하여 현장 관찰과 사진촬영 등 기록이 진행되었으며, 다양한 화교단체의 관계자를 직접 만나 심층면접을 진행하였다. 최근 디아스포라 연구에 있어서 화교 · 화인의 경험을 생생하게 전할 수 있는 심층면접 조사가 활발히 이용되고 있다. 이 연구에서도 한국과 일본에 정착하고 있는 화인 디아스포라와 화교단체 관계자의 목소리를 듣고자 심층면접 조사를 진행하였다.

우선, 한국화교의 실태, 다중정체성, 화교단체 관련 심층면접 조사는 차이나타운이 조성된 인천과 부산에서 진행하였다. 연구 참여자는 화교들이 가장 많이 집거하며, 그들만의 특색이 살아있는 차이나타운이 형성된 인천과 부산 거주 화교들을 대상으로 대표성 있는 표본추출을 시도하였다. 이들과는 사전 전화로 의사를 타진하여 모집하였는데 초기 20명을 대상으로 진행하려 사전 접촉을 하였으나 여러 가지 이유로 불가능하여 10명만을 확보하였다. 면접은 2012년 3월 6일부터 10일, 3월 15일부터 17일 2차에 걸쳐 진행하였으며, 각 면접은 1시간에서 2시간 정도 진행하였다. 면접과정에서는 원활한 의사소통과 효과적인 답변을 유도하기 위해 일부 대상자는 중국어로 질문을 이어갔다. 또한 개방적이고 자유로운 형식의 대화를 나누기 위해 참여자가 원하는 환경을 선택하여 인터뷰를 진행하였다. 연구 참여자의 신분보호를 위해 본문 및 각주에서 모든 참여자의 이름은 가명으로 처리하였다. 연구 참여자의 인구사회학적 특성은 아래 〈표 1.1〉과 같다.

참여자들이 소지한 여권은 80%가 '중화민국'(대만)이고 20%는 한국이다. 이는 화교 중 귀화 등의 이유로 한국 국적을 취득한 비율을 고려한 것이다. 또한 거주지는 차이나타운이 조성된 부산과 인천[9] 지역으로 한정

표 1.1 연구 참여자의 인구사회학적 특성

참여자	국적(여권)	거주지	학력	소속
참여자 A	'중화민국'(대만)	부산	대졸	화교협회
참여자 B	'중화민국'(대만)	부산	대졸	화교학교
참여자 C	'중화민국'(대만)	부산	대졸	화교학교
참여자 D	한국	부산	고졸	중국식당 운영
참여자 E	'중화민국'(대만)	인천	고졸	중국식당 운영
참여자 F	'중화민국'(대만)	인천	고졸	중국식당 운영
참여자 G	한국	인천	고졸	학원 운영
참여자 H	'중화민국'(대만)	인천	대졸	화교협회
참여자 I	'중화민국'(대만)	인천	고졸	화교학교
참여자 J	'중화민국'(대만)	인천	고졸	수출업

9 인천차이나타운은 19세기 말 개항 당시 청국지계가 설정돼 중국인이 집단 거주하였던 지역으로 화교 이민사의 첫 장을 열었던 본산지라고 할 수 있다.

하여 이들이 화교공동체 내의 일상적 경험을 통해 느끼는 소속의식과 정체성에 유의미한 자료를 확보하고자 하였다.

다음, 일본의 차이나타운 조성 및 화교단체 관련 심층면접 조사는 요코하마와 고베에서 진행하였다. 요코하마와 고베에 조성된 화인 디아스포라 민족집거지에서 화교단체의 실태와 역할을 파악하기 위해 연구팀은 2017년 2월 6일부터 19일까지 요코하마와 고베에서 현지조사를 진행하였다. 현지조사 과정에서는 요코하마화교총회(대만계, 대륙계), 요코하마중화학원, 고베중화동문학교, 고베화교총회, 복건회관, 고베중화총상회, 중화회관, 관제묘, 고베화교역사박물관 등 다양한 화교단체를 직접 방문 조사하였다. 또한 차이나타운을 지탱하는 화교단체의 유형과 특성을 파악하기 위하여 현장 관찰과 사진촬영 등 기록이 진행되었으며, 다양한 화교단체의 관계자를 직접 만나 인터뷰를 진행하였다. 최근 디아스포라 연구에 있어서 화교 · 화인의 경험을 생생하게 전할 수 있는 인터뷰 조사가 활발히 이용되고 있다. 이 연구에서도 화교단체 관계자의 목소리를 듣고자 인터뷰 조사를 진행하였다.

심층면접 질문지는 주로 일본 화인 디아스포라의 적응 실태, 차이나타운 현황, 화교단체의 운영 실태와 특징, 화교단체의 역할 및 향후 과제 등을 중심으로 구성되었다. 인터뷰 대상자와의 원활한 의사소통을 위해 중국어로 질문을 이어갔다. 또한 심층면접 과정에서 연구자는 인터뷰 내용은 물론, 인터뷰 대상자의 표정과 반응, 면접이 종료된 후 생각하고 느낀 점을 기록하여 연구 자료로 활용하였다. 인터뷰 대상자의 구체적 사항은 아래 도표와 같다.

〈표 1.2〉에서 나타나듯이 화인 디아스포라의 민족집거지와 화교단체를 심도 있게 파악하기 위해 요코하마와 고베 차이나타운을 대표하는 주요한 화교단체를 선정해 인터뷰를 진행하였다. 또한 의도적 표본 추출을 통해 최대한 연구주제에 부합되고 대표성이 있는 대상자를 모집하기 위해

표 1.2 인터뷰 대상자의 인구 · 사회학적 특성

순번	이름	국적(여권)	연령	거주지	이민세대	소속
참여자 1	스○(石○)	중국	30대	고베	이민 3세대	고베화교총회
참여자 2	쉬○○(許○○)	'중화민국' (대만)	40대	고베	이민 3세대	고베중화회관
참여자 3	린○	중국	40대	고베	이민 2세대	고베중화회관
참여자 4	린○○(林○○)	'중화민국' (대만)	60대	고베	이민 2세대	복건회관
참여자 5	진○(金○)	중국	70대	고베	이민 1세대	고베중화총상회
참여자 6	예○○(叶○○)	'중화민국' (대만)	20대	고베	이민 2세대	고베화교 역사박물관
참여자 7	왕○○(王○○)	중국	70대	고베	이민 1세대	관제묘
참여자 8	리○○(李○○)	중국	50대	고베	이민 2세대	화교 식당 운영
참여자 9	장○○(张○○)	일본	50대	요코하마	이민 1.5세대	요코하마화교 총회(대만계)
참여자 10	뤄○○(罗○○)	중국	50대	요코하마	이민 2세대	요코하마화교 총회(대륙계)

해당 단체에서 관련 업무를 주관하는 담당자와 1시간~2시간 정도의 인터뷰를 진행하였다. 인터뷰 대상자에는 차이나타운을 지탱하는 가장 주요한 화교단체인 요코하마화교협회(대륙계, 대만계), 요코하마중화학원, 고베화교총회, 중화회관, 복건회관, 고베중화총상회, 고베화교역사박물관, 관제묘의 관계자가 포함되며, 20대부터 70대라는 다양한 연령층과 1세대부터 3세대라는 다양한 이민세대가 포함된다.

3. 연구의 구성

이 책은 화인 디아스포라의 새로운 이주 흐름을 파악하고, 한국과 일본에 정착하고 있는 화인 디아스포라의 실태를 검토하며, 민족공동체를

구축하고 유지함에 있어서 핵심역할을 담당하고 있는 화교단체의 운영 실태와 역할을 파악하는 것이 주요한 목적이다. 따라서 이 책은 총 다섯 개 장으로 나누어 연구주제를 다루고 있다.

제1장 머리말에서는 이 책의 연구배경과 목적, 문헌연구 · 심층면접을 비롯한 연구방법과 현지조사 과정을 상세히 기술하였다.

제2장 화인 디아스포라의 새로운 이주 흐름: 귀환이주에서는 문헌연구를 중심으로 화인 디아스포라의 귀환이주 실태를 검토하고, 중국의 귀환동포정책을 중심으로 화인 디아스포라의 모국 귀환 원인을 규명하였다.

제3장 한국화교의 다중정체성과 화교단체에서는 한국사회로부터 주변화 된 화교들의 정치 · 경제 · 사회 · 교육적 지위를 살펴보고, 그들의 다중정체성을 심층적으로 분석하였으며, 민족공동체를 형성함에 있어서 핵심 축 역할을 담당하고 있는 화교들의 대표적 단체를 검토하였다.

제4장 일본의 차이나타운과 화교단체에서는 화인 디아스포라의 일본 이주 역사를 간략하게 기술하고, 요코하마 쥬카가이 차이나타운과 고베 난킨마치 차이나타운의 현황을 세부적으로 검토하였으며, 화교총회 · 동향회 · 화교학교 · 화교역사박물관을 비롯한 화교단체 운영실테를 살펴보는 동시에 민족집거지를 형성하고 민족공동체를 구축함에 있어서 화교단체의 역할을 심층적으로 분석하였다.

제5장에서는 화인 디아스포라의 새로운 이주 흐름, 한국과 일본에 정착하고 있는 화인 디아스포라 현황, 화교단체의 운영 실태 및 역할 관련 연구결과를 요약하고, 이 책의 한계와 향후 연구과제에 대해 간략히 기술하였다.

II

화인 디아스포라의 새로운 이주 흐름: 귀환이주*

* 제2장은 김혜련 · 임채완(2015), "중국 귀환동포정책의 특징 분석", 『CHINA 연구』 제18집, pp. 35-61; 김혜련(2020), "중국 해외 유학생의 모국 귀환과 귀국영향요인 분석", 『동북아문화연구』 제62집, pp. 145-158를 인용하였음.

중국인의 해외이주 역사에서 배출된 화인 디아스포라는 중화경제권을 중심으로 막강한 경제적 파워와 글로벌 네트워크를 보유하고 있다. 그들은 180여 개 국에 흩어져 있음에도 불구하고 민족정체성을 바탕으로, 국가적 경계를 초월한 단결력을 과시하고 있다. 총 4,543만 명[1]에 이르는 화인 디아스포라는 초국적 네트워크를 구축하여 모국과 거주국을 연계하는 가교역할을 하고 있다.

화인 디아스포라가 이러한 글로벌 네트워크를 구축한 것은 모국인 중국의 화교정책과 밀접한 연관이 있다. 중국 정부는 화인 디아스포라를 지속적인 경제발전과 통일문제 해결, 국제영향력 확산을 위한 중요한 전제로 인식하고 있다. 따라서 체계적인 재외동포정책을 제정하여 해외거주 화인 디아스포라의 현지정착은 물론, 그들의 모국 투자와 개발을 유도·장려하고 있으며, 나아가 모국으로 귀환하는 귀교(歸僑)[2]도 적극 수용하고 있다. 특히 1990년 제정, 2000년 수정, 그리고 2004년에 세부 매뉴얼을 공개한 『귀교교권권익보호법(歸僑僑眷權益保護法, 이하 보호법으로 약칭)』은 귀교의 모국 적응을 지원하고, 교권(僑眷)[3]으로 불리는 화교가족의 권리를 보호하는 법적 근거를 마련하였다. 모국으로 귀환한 귀교 및 교권을 매개로 해

1 중국화교사무판공실: http://qwgzyj.gqb.gov.cn/yjytt/155/1830.shtml(검색일: 2014. 10.30.)

2 귀교는 귀국하여 국내에서 정주하는 화교를 가리킨다. 즉, 귀환이주 이전 이미 화교신분이며, 모국으로 귀환하여 단기 체류하는 것이 아니라, 장기간 정주하는 화교를 지칭한다. 더불어 중국으로 귀국하여 국적을 회복한 외국국적화인도 귀교에 포함된다. 『歸僑僑眷權益保護法』.

3 교권은 중국 국내에 남겨진 화교 및 귀교의 가족을 가리킨다. 교권은 아래와 같은 특징이 있다. 첫째, 교권은 반드시 화교 및 귀교와 결혼, 혈연 혹은 입양으로 인한 가족관계가 성립되어야 한다. 둘째, 『보호법』은 교권의 범위를 화교 및 귀교의 배우자, 부모, 자녀 및 자녀의 배우자, 형제, 조부모, 외조부모, 손자녀, 외손자녀, 화교 및 귀교와 장기 입양관계가 성립된 기타 친인척으로 규정하고 있다. 셋째, 2004년 국무원에서 제정한 제410호 법령에 의하면 "화교, 귀교 사망 혹은 화교신분이 변경된 이후에도 국내에 정착하고 있는 교권의 신분은 유지된다." 陳昌福(2010), "'中华人民共和國歸僑僑眷權益保護法'簡介", 『上海市社会主義學院學報』 2010年第1期, p. 20.

외 화인 디아스포라와의 유대를 강화하는 이러한 귀환동포정책은 중화경제권(中华經濟圈) 구축은 물론, 중국과 동남아 국가와의 외교관계 발전에도 그 실효성을 발휘하고 있다.

중국 정부의 이러한 적극적 귀환동포정책에 힘입어 화인 디아스포라의 귀환이주도 지속적으로 추진되었다. 2009년까지 모국으로 귀환이주한 화교 및 그들의 화교가족은 이미 3,000만 명에 이른다.[4] 그들은 대부분 광동(廣東), 복건(福建), 해남(海南) 등 원적지로 돌아가 화교고향(僑鄕, 교향)을 형성하고 있으며, 귀교들이 집결한 화교농장만 해도 84개나 된다.[5] 귀교와 교권은 중국이 해외 화인 디아스포라와의 유대를 강화하는 연결고리이며, 또한 막강한 경제파워를 자랑하는 화상(华商)과의 네트워크를 구축하여 세계로 뻗어나가는 통로이기도 하다.

다른 한편, 해외에 진출한 중국 유학생의 모국 귀환도 증가하고 있다. 2000년대 이후 모국으로 귀환한 해외 유학생 규모는 해마다 증가하는 추세이며, "귀국 붐(归国潮)"으로 이어지고 있다. 2018년 12월말 기준 세계 각국으로부터 중국으로 귀국한 유학생은 총 365만 명으로 집계되어, 귀국율이 78.44%에 이르렀다.[6] 특히 2018년에는 총 519,400명의 유학생이 중국으로 귀국하였는데, 이는 2017년보다 8% 증가한 수치이다.[7] 현재의 중국은 세계 최대 유학생 송출국인 동시에 최대 유학인재 귀환 국가이기도 하다. "하이구이(海归)"[8]로 불리는 귀국 유학인재는 중국 경제성장을 이끄는 원동력으로 주목받고 있으며, 학문 및 연구 수준을 향상시키는 동

---

4 王明譞, "华侨国内权益保护的立法建议", 『学理论』 第31期, 2012, p. 116.

5 中國僑網, http://www.chinaqw.com/news/2005/0920/68/314.shtml(검색일: 2014.11.01.)

6 中华人民共和国教育部: http://www.moe.gov.cn/jyb_xwfb/s5147/201909/t20190924_400534.html(검색일: 2019.12.20.)

7 丁雪峰(2019), p. 30.

8 하이구이(海归)는 해외 유학 후 중국으로 돌아온 귀국 유학생을 지칭하는 용어이다.

시에 다양한 혁신창업을 주도하고 있다.[9] 다시 말해, 해외 정착 화인 디아스포라의 귀환이주는 새로운 이주 흐름으로 자리 잡고 있다.

한국의 재외동포는 749만 명[10]에 이르며, 그들의 모국 귀환은 1990년대 초반부터 지속적으로 추진되었다. 2021년 현재 한국 체류 외국국적동포는 829,440명으로 한국 체류 외국인의 39.9%를 차지한다.[11] 한국 정부는 재외동포정책을 제정함에 있어서 해외 거주 재외동포는 물론, 한국으로 유입한 귀환동포 문제도 간과해서는 안 되는 시기가 다가왔다.

이러한 맥락에서 제2장에서는 문헌연구를 중심으로 화인 디아스포라의 귀환이주 실태를 검토하고, 그들을 적극 수용한 중국의 귀환동포정책을 체계적으로 분석하여 그 특징을 규명하고자 한다.

1. 디아스포라의 귀환이주

중국의 급속한 경제성장과 함께 한국 학계는 1990년대부터 화인 디아스포라 연구를 시도해왔다. 그러나 현재 한국 국내의 관련 연구는 주로 역사적 시각이나 역할론 차원에서 화인 디아스포라를 접근하고 있을 뿐, 화인 디아스포라의 귀환이주 및 재이주 등 이주 흐름에 대한 연구 및 중국의 귀환화교 관련 연구는 아직 미흡한 상황이다.

화인 디아스포라의 귀환이주는 다양한 요인이 종합적으로 작용한 결

9 김혜련(2020), "중국 해외 유학생의 모국 귀환과 귀국 영향요인 분석", 『동북아문화연구』 제62집, p. 146.

10 재외동포재단의 통계에 의하면, 2019년 기준 해외에 거주하고 있는 재외동포는 7,493,587명이다. 『재외동포현황 2019』, 재외동포재단: http://www.korean.net/portal/index.do(검색일: 2021.01.16.)

11 2020년 10월 기준 한국 국내 체류 외국인은 2,077,053명이다. 법무부 출입국 · 외국인정책본부 2020년 10월 기준 통계자료: http://www.immigration.go.kr(2020.01.15.)

과물이다. 그러나 다양한 영향 요인 중에서도 중국의 화교정책 특히 귀환화교에 대한 정책적 지원이 가장 중요한 요인 중의 하나이다. 따라서 화인 디아스포라의 귀환이주 관련 기존 연구를 검토하기 앞서 먼저 중국의 화교정책 관련 선행연구를 살펴보고자 한다.

중국 화교정책에 대한 연구는 주로 중국 정부의 시기별 화교정책 변천사와 특징 분석, 글로벌 화상 네트워크 구축, 그리고 모국 투자 활성화 등에 집중되어 왔다. 예를 들어, 정신철 · 주경홍(2003)은 1949년 건국이후 중국 화교 · 화인 정책의 흐름을 시기별로 정리하여 그 득과 실을 지적하면서, 중국의 재외동포정책은 화교 · 화인의 애국심 강화, 모국건설 기여라는 것을 논증하였다. 최승현(2003)은 청말(清末)이전부터 1978년 개혁개방 이후, 중국에서 실행해온 화교정책을 역사적 시각으로 분석하고, 특히 외적화인(外籍华人)을 중심으로 한 화교정책을 분석하여 중국 정부는 외국인으로 규정된 화인에 대해서는 '보이지 않는 정책'을 구사함으로써 그들에 대한 영향력을 확산하고 있다고 지적하였다. 그리고 이준태(2004)는 중화경제권에 주목하여 중국 정부의 시기별 화교정책을 분석함으로써 정부와 화교의 상호작용 관계를 검토하였다. 그는 중국 정부가 한편으로 화교의 경제활동을 지지하고, 다른 한편으로 평행유지에 주의를 돌려, 각국의 외교, 정치관계와 화교의 현지발전에 마이너스 영향을 주지 않도록 하고 있다고 주장한다. 장공자(2007)는 화교정책과 화교자본, 화상망의 상관관계에 주목하여 화상네트워크를 구축함에 있어서 중국 정부의 역할을 강조하면서 한국정부에 주는 시사점을 제시하였다. 최승현(2014)은 기존연구와 달리 중국 『귀교교권권익보호법』의 역사적 배경과 그 의미에 초점을 맞추어 중국 화교정책의 발전과 영주권제도를 분석하였다.

귀환화교에 대한 중국 학계의 연구는 활발하게 이루어지고 있다. 1978년 개혁개방 이전, 중국 재외동포정책의 초점은 모국으로 귀환이주한 귀교와 교권에 치중되었다. 따라서 중국 학계에서 논의된 화교 연구도 귀교 및 교권의 권익보호에 초점을 두고 있었다. 그러나 이러한 연구는 주로 『귀교교권권익보호법』을 중심으로 이 법령에 대한 소개와 분석, 시행방법에 대한 해석, 법령의 의미와 영향, 평가와 보완점 등 정책적 홍보가 큰 비중을 차지하고 있는 상황이다(陳昌福, 2010; 汪全勝 · 張鵬, 2010; 劉國福, 2010; 張晶盈, 2012; 王秀卿, 2014).

요컨대, 한국학계의 화교정책 연구는 중국 정부의 시기별 화교정책 혹은 화상 네트워크 구축 정책을 집중적으로 분석하고 있을 뿐, 중국 화교정책의 또 하나의 핵심에 해당되는 귀환화교정책에 대해서는 소홀해왔다. 다른 한편, 귀환화교에 대한 중국 학계의 반응은 뜨거우나, 대부분은 『귀교교권권익보호법』에 대한 정책적 홍보에 그치고 있다. 화교의 귀환이주 실태와 모국 적응, 중국 정부의 귀환화교정책에 대한 체계적인 분석이 이루어지지 않고 있는 상황이다.

해외에 분산거주하고 있는 화교 · 화인은 대표적 디아스포라집단이다. 그들은 모국을 떠나 거주국에서 새로운 삶의 터전을 개척하였으며, 민족정체성을 중심으로 현지에서 그들만의 공동체를 형성하고 있다. 초국적 이주를 경험한 화교 · 화인은 디아스포라집단의 일부분으로, 디아스포라의 특성을 내포하고 있다. 사프란(W.Safran)은 흩어진 민족으로서 디아스포라는 모국을 진정한 고향으로 간주하고, 언젠가는 모국으로 돌아갈려는 귀환의식을 간직하고 있다고 주장한다.[12] 모국귀환이라는 꿈은 모국 및 거주국 현실에 따라 달라진다. 돌아갈 수 있는 모국이 부재할 수도 있고, 모국이 정치적 · 사회적 이유 및 이데올로기로 인해 그들을 반기지 않는 경우도 있다. 아울러 이 집단은 이미 안정적으로 정착한 거주국을 이탈하는 대가가 너무 크거나, 잃는 것이 너무 많다고 판단할 경우, 모국으로의 귀

12 전형권(2007), "일본의 보수화와 재일한인의 국적문제: 디아스포라 정체성의 동학", 『한국동북아논총』 제43집, 2007, pp. 105-106.

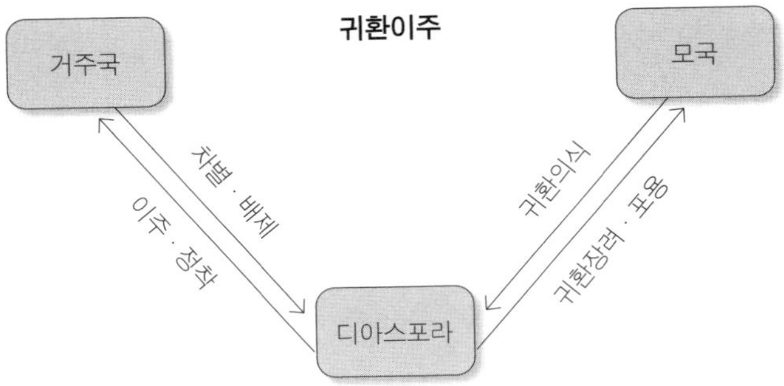

그림 2.1 디아스포라의 귀환이주

환이라는 꿈은 유예되어 민족분산을 지속한다.[13]

일반적으로 디아스포라집단이 공유하고 있는 귀환인식은 해당 집단과 모국, 그리고 현재 정착하고 있는 거주국 삼자간의 관계에 따라 변화된다.[14] 디아스포라의 귀환이주에 영향을 미치는 변수는 다양하다. 개인 또는 행위자 중심의 미시적 차원에서 그들은 거주비용, 생활환경, 가족 재결합 등 다양한 요인을 합리적으로 고려하여 귀환이주를 선택한다. 아울러 개인의 힘을 뛰어넘는 거시적 차원에서 귀환이주를 분석할 경우, 귀환이주는 거주국의 배출요인(push factor)과 모국의 흡입요인(pull factor), 나아가 해당 디아스포라집단의 선택에 의해 결정된다. 예컨대, 거주국의 차별정책과 주류사회 구성원의 배제의식, 모국 정부의 적극적 수용과 지원정책, 디아스포라집단의 강한 민족정체성이 동시에 작용할 경우, 그들의 모국 귀환이주는 순조롭게 이루어진다.

---

13 정근식 · 염미경(2000), "디아스포라, 귀환, 출현적 정체성: 사할린 한인의 역사적 경험", 『재외한인연구』 제9권 제1호, pp. 240-241.

14 정근식 · 염미경(2000), pp. 240-241.

2. 화인 디아스포라의 귀환이주 및 모국 정착

디아스포라의 모국 귀환이주는 모국, 거주국, 디아스포라집단 삼자 간의 상호작용에 의해 이루어진다. 중국으로 귀환한 화인 디아스포라도 중국, 동남아 지역을 비롯한 거주국, 그리고 화인 디아스포라 사회 삼자 간의 상호작용에 의해 귀환이주가 실현된 것이다. 그 중 중국의 귀환화교 정책은 간과할 수 없는 핵심적 요인 중의 하나이다. 따라서 제2장 제2절에서는 우선 화인 디아스포라의 귀환이주 실태를 세부적으로 검토하고, 다음 귀환이주에 영향을 미치는 세 가지 요인 중에서도 모국 변수, 즉 중국 정부의 귀환동포정책을 중점적으로 살펴하고자 한다.

1) 화인 디아스포라의 모국 귀환

화인 디아스포라의 모국 귀환은 거주국과 모국의 상호작용의 산물이다. 거주국에서의 차별과 탄압, 그리고 모국의 적극적 수용정책으로 인해 1950년대부터 화인 디아스포라의 귀환이주는 꾸준히 이루어졌다.

1950~1980년대 동남아 일부 국가들은 반공이데올로기 및 화인 디아스포라의 경제파워에 대한 위기감으로 인해 그들을 분리 · 배제하는 강압적 동화정책을 추진하기 시작하였다. 화인 디아스포라를 차별하고 탄압하는 이러한 배화사건(排华事件)으로 인해 동남아에 정착한 수많은 화인 디아스포라는 '지나(支那)'로 따돌림 받는 소수민족으로 전락하였으며, 사회 소외계층으로 주변화 되었다. 화인 디아스포라의 충성심은 항상 의심 받아 왔고, 늘 폭동의 표적과 피해자가 되었으며, 주류사회에 진출하기 어려운 이방인으로 위축되었다. 예컨대, 1969년 말레이시아에서 발생한 종족충돌에서 화인은 주요한 표적이 되었으며, 인도네시아에서는 화인과 원주민 갈등이 끊이지 않아 여러 차례 배화사건이 발생하였다. 1965

년 "9 · 30사건"이라 불리는 인도네시아 종족폭동에서는 약 30만 명의 화인이 학살되었고, 1998년 5월 인도네시아에서 발생한 충돌사건에서는 약 1,200명의 화인이 목숨을 잃어 국제사회의 질타를 받았다.

이러한 시대적 배경 속에서 동남아 각국에 정착했던 대규모 화인 디아스포라들은 모국으로 귀환이주하기 시작하였다. 이 시기 약 13만 6,000여 명의 인도네시아 화교들이 모국으로 귀환하였고, 인도 및 미얀마에 거주했던 화교들도 1960년대 초에 모국으로 몰려들었다. 1978~1988년 10년 간 중국으로 귀환이주한 베트남 화교는 약 28만 명에 이르며, 1983년에는 몽골에 정착했던 화교 3,000여 명도 모국으로 귀환하였다. 1949년부터 1978년까지 중국으로 귀환이주한 화교는 백만 명에 이른다.[15] 더불어 1978년 개혁개방이후, 중국의 급속한 경제성장과 함께 모국으로 귀환하여 경제적 부를 창조하는 화교 · 화인이 증가함에 따라 현재 중국에 정착하고 있는 귀교와 교권은 점차 확대되어 약 3,000만 명에 이른다.

2) 화인 디아스포라의 모국사회 정착

대규모로 귀환이주 한 수난 화교(難僑)에 대해 중국 정부는 적극적으로 수용하였으며, 원적지로 귀환시키고, 주로 농촌지역이나 중소 도시에 배치하는 원칙에 따라 그들을 정착시켰다. 1987년 이전 중국 정부는 귀교를 일괄적으로 수용하고 배치하는 정책을 제정하여 정착비용 지원, 주택 제공, 취업 등 지원 프로그램을 운영하였다. 귀교 정착사업은 정부에서 획일적으로 추진하고, 관련 비용도 정부에서 전액 부담하였으며, 화교들은

15 劉國福(2010), "論歸僑身份確認和安置法律制度的現狀與發展", 『政法論叢』 2010年第2期, p. 45.

주로 출신지역인 광둥, 푸젠, 광시, 윈난 등 지역으로 배치되었다. 대규모로 유입된 귀교를 수용하기 위해 중국 정부는 화교농장(华僑農場)을 설립하여 그들의 취업 및 주거문제를 해결하였으며, 화교학교를 운영해 귀교들의 자녀교육 문제를 해결하였다.

화교농장은 1980년대 이전 귀교들이 모국에서 정착하는 가장 중요한 수단이다. 귀교들은 농장에서 직업훈련을 통해 취업 문제를 해결하였으며, 화교농장은 그들이 밀집 거주하는 정착지이기도 하다. 화교농장은 주로 화교 고향(僑鄉)으로 불리는 그들의 출신지역에 설립되었다. 예컨대, 1952년 6월 광둥성교무위원회(廣東省僑務委員会)는 귀환화교 실업노동자를 대상으로 직업전환 교육반을 운영해 직업교육을 진행하였으며, 푸젠성에서는 췐저우쐉양(泉州雙陽)화교농장, 광시에는 우밍(武鳴)화교농장을 신설하였다.[16] 윈난성 간좡(甘庄)화교농장은 1,000명의 인도네시아 화교를 수용하였으며, 그중 의사 · 교사 등 전문직 화교는 농장에서도 기존에 종사하던 업종에 참여하도록 하였다. 푸젠성의 통계자료에 의하면, 1960년부터 1966년까지 푸젠성에서 설립한 화교농장만 해도 14개에 이른다. 1969년까지 푸젠성이 수용한 귀환화교는 총 27,127명이며, 그 중 화교농장에 23,678명, 화교공장에 1,451명을 정착시켰다.[17] 현재까지 운영되고 있는 화교농장은 총 84개로, 광둥(廣東) 23개, 광시(廣西) 22개, 푸젠(福建) 17개, 윈난(雲南) 13개, 하이난(海南) 5개, 쟝시(江西) 3개, 지린(吉林) 1개이다. 화교농장의 인구구모는 59만 명, 그 중 21만 명은 귀환화교이다.[18]

또한 중국 정부는 화교학교를 설립하여 귀교들의 자녀교육 문제를 해

16 정신철 · 주경홍(2003), "중국의 화교, 화인정책 및 특징", 『재외한인연구』 제13권 제2호, pp. 97-98.

17 張晶盈(2013), "华僑農場歸僑的認同困惑與政府的歸難橋安置政策", 『华僑大學學報』 2013年第1期, p. 32.

18 中國僑網: http://www.chinaqw.com/news/2005/0920/68/314.shtml(검색일: 2014.11.01.)

결하였다. 1950년대 초반에는 주로 화교학생들의 중국어 교육과 문화교육을 실행하여 화교출신 인재를 육성하는데 초점을 두었다. 예건대 1951년 4월 광둥성교무위원회는 화교청년 학습반을 신설하여 화교인재를 양성하였으며, 1952년에는 베이징(北京), 1953년에는 푸젠 췐저우(泉州)와 광저우(廣州)에도 화교학교가 설립되었다. 그리고 1955년부터는 화교중학교와 화교대학교도 신설되었다. 예컨대 1951년 9월 광저우남방대학교에 신설된 화교학과는 최초로 귀교를 대상으로 설립된 학과이며, 1956년에는 지난(暨南)대학교, 1963년에는 푸젠 췐저우(泉州)에 화교대학교가 설립되었다. 1957년까지 이미 4만여 명의 귀교학생들이 화교학교에 진학하였으며, 그중 20%는 고등학교로 진학하였고, 약 2,000여명 귀환화교 학생들이 고등학교를 졸업하였다.[19]

3) 화인 디아스포라의 재이주

1980년대 이전에 실행된 귀교 지원정책은 계획경제의 성격이 강했으며, 정착지원 방법도 정부에서 획일적으로 추진하여 귀교의 정착 욕구가 충분히 반영되지 못하였다. 정착지원금 지급, 주택 및 취업지원 등 정부의 지원정책에 대해 귀교는 선택권이 없었으며, 반드시 정부 배치에 따라 정착해야 했다. 거주국별 귀교의 특성을 반영하지 못한 이러한 정착제도는 귀교의 사회부적응, 정체성 혼란, 주류사회와의 갈등 등 사회문제를 야기하여 결국 귀환화교들의 재이주를 초래하였다.

예컨대 1979년에 제정된 『북한화교 귀국정착문제에 대한 국무원 화교판공실의 의견(國務院僑辦關於旅朝华僑回國定居問題的意見)』 제2조에 의하면, 북한거주 귀환화교의 정착지원 원칙은 "주로 요녕, 길림, 흑룡강 3개성에

19 정신철 · 주경홍(2003), p. 98.

정착시키며, 원적지가 다른 지역인 경우, 본인 신청 시 조정 가능하다. 농업에 종사하던 화교는 농촌으로, 기술자는 수요와 가능성에 따라 중소도시 집단기업 혹은 사업단위로 파견한다"고 제시되었다. 이러한 규정에 의해 귀교의 모국정착은 선택권이 없으며, 정착지와 종사하는 직업은 정부에 의해 강요되었다. 더불어 지급된 정착지원금과 배치된 지역의 생활수준도 거주국과 차이가 컸다. 1979년 정부에서 지급한 귀교 정착지원금은 파견지역 별로 차이가 있었는데, 농촌에 정착한 귀환화교는 444위안, 화교농장에 정착한 화교는 881위안, 공장이나 광산업 기업에 배치된 화교는 781위안이었다.[20] 비록 당시 중국 농촌 및 도시주민의 연수입보다 높은 수준이었으나, 거주국 생활수준보다 많이 뒤떨어진 상황이다. 이러한 생활수준의 차이는 귀교의 불만을 자아냈다.

다른 한편, 귀교의 모국사회 부적응, 정체성 혼란 등의 문제도 그들의 모국정착 장애요인으로 작용하였다. 귀교들이 대규모로 밀집 정착하고 있는 화교농장은 정부의 주도 하에 운영된 국영농장으로서, 서로 다른 거주국 출신 화교들을 무분별하게 집중시켰으며, 소수의 현지인을 투입시켰다. 비록 귀교들은 중국 국적을 소지한 중국 국민이지만, 그들 대부분은 거주국에서 태어나고 자랐기에 이미 현지 언어와 문화, 풍속습관에 적응되어 모국사회에 적응하기 어려운 상황이다. 또한 귀교 대부분은 거주국 현지에서 농업에 종사하던 사람이 아니기에 모국귀환 이후 농촌지역이나 농장에 배치된데 대해서도 불만을 토로하였다. 아울러 다양한 거주국 출신 화교들과의 접촉과정에서 경험하는 정체성 혼란, 현지 주민과의 갈등, 중국사회의 불안정 등등은 결국 귀교들의 재이주를 초래하였다.

1950년대 중반, 1960년대 초반, 1970년대와 1980년대 초반, 중국에는 총 4차례의 귀교 출국붐(歸僑出境潮)이 일어났다. 상하이시에 정착했던

20 劉國福(2010), p. 45.

7,000여 명 귀교는 문화대혁명 이후 절반이상이 해외로 다시 나가, 남아 있는 화교는 약 3,000명에 불과하다. 1968년에 귀환하여 산시성(山西省)에 정착했던 미얀마 화교는 80%가 재이주하였다. 재이주를 선택한 가장 많은 화교는 인도네시아, 베트남 화교이다. 1976년에 이르러 재이주한 귀교는 약 30만 명에 이른다. 그들 일부는 다시 거주국으로 돌아갔고, 약 25만 명은 홍콩으로 유입되었으며, 25,000명은 마카오로 이주하였다.[21] 요컨대 귀교의 약 1/3은 더 좋은 삶을 개척하기 위해 모국을 떠나 재이주를 선택하였다.

4) 해외 유학생의 귀환이주[22]

중국은 1978년 12월 미국으로 52명의 유학생을 파견하면서부터 그동안 주춤했던 해외 유학 붐이 재개되었으며,[23] 2018년 12월말까지 총 585만 명의 유학생이 해외로 떠나 중국은 세계 최대 유학생 송출국으로 부상하였다.[24] 해외에 정착하고 있는 유학생도 화인 디아스포라의 일부분으로 그들의 모국 귀환도 확대되고 있는 추세이다.

(1) 중국 해외 유학생 실태

중국 교육부의 통계에 따르면, 1978년 개혁개방이후 모국을 떠나 해외로 진출한 중국 유학생은 해마다 증가하여 2018년까지 총 585만

---

21 黄小堅(2005),『歸國华僑的歷史與現狀』, 香港社会科學出版社有限公司, pp. 293-295.

22 제2장 제2절 "해외 유학생의 귀환이주" 부분은 김혜련(2020), "중국 해외 유학생의 모국 귀환과 귀국영향요인 분석",『동북아문화연구』제62집, pp. 145-158를 인용하였음.

23 丁雪峰(2019),『三大因素推动归国留学生人数攀升』,『人力资源』2019年第8期, 辽宁省社会科学院, p. 30.

24 "2018年度人力资源和社会保障事业发展统计公报": http://www.mohrss.gov.cn/SYrlzyhsh-bzb/zwgk/ szrs/tjgb/201906/W020190611539807339450.pdf(검색일: 2019.11.27.)

7,100명에 이른 것으로 집계되었다. 그 중 153만 3,900여 명은 여전히 유학생 신분으로 해외에서 학업 및 연구에 매진하고 있고, 432만 3,200여 명의 유학생이 학업을 마치고 졸업한 실정이며, 전체 유학생 중 365만 명이 졸업 후 모국으로 귀국한 것으로 집계되었다.[25]

아래 〈표 2.1〉에서도 나타나듯이, 해외로 진출하는 중국 유학생은 해마다 증가하는 추세이며, 2017년에는 처음으로 60만 명을 돌파하였고, 2018년에는 8% 증가하여 662,100명에 이르렀다. 2018년 해외 진출 유학생 중 국비 유학생은 3만 200명, 기관 파견 유학생은 3만 5,600명, 자비 유학생이 59만 6,300명이다. 다시 말해 1970~1980년대 국가와 정부가 선발하고 주도하는 유학과 달리, 현재 중국을 떠나 해외로 진출한 유학생

표 2.1 2008~2018년 중국 해외 진출 유학생 및 귀국 유학생 변화 추이

해당년도	해외 진출 유학생 규모(명)	귀국 유학생 규모(명)	귀국율(%)
2008년	179,800	69,300	38.54
2009년	229,300	108,300	47.23
2010년	284,700	134,800	47.34
2011년	339,700	186,200	54.81
2012년	399,600	272,900	68.29
2013년	413,900	353,500	85.40
2014년	459,800	364,800	79.34
2015년	523,700	409,100	78.12
2016년	544,500	432,500	79.43
2017년	608,400	480,900	79.04
2018년	662,100	519,400	78.44

출처: 중국 교육부 통계 자료 저자 정리: http://www.moe.gov.cn/jyb_xwfb/s5147/201909/t20190924_400534.html(검색일: 2019.12.20.)

25 中华人民共和国教育部: http://www.moe.gov.cn/jyb_xwfb/gzdt_gzdt/s5987/201903/t20190327_375704.html(검색일: 2019.12.20.)

대부분은 자비로 해외 유학을 선택하였다.

중국의 해외 유학생 급증, 특히 자비 유학생 확대에는 여러 가지 원인이 있다. 예컨대 해외 유학 경험을 통한 경쟁력 강화, 해외 수준 높은 교육 자원 추구, 중국 국내 교육체제 기피 등이 영향요인으로 작용하고 있다. 중국 국내 치열한 취업경쟁과 "하이구이(海归)" 및 해외 학력에 대한 우대는 많은 젊은 세대로 하여금 유학대열에 합류하도록 하였다. 또한 중국 국내 교육체제에 대한 기피와 수준 높은 교육 자원에 대한 추구는 중국 유학생 급증의 또 하나의 원인이다. 비록 1999년 중국 교육 개혁의 일환으로 실시한 대학생증원(大学生扩招)정책은 많은 젊은 세대가 대학교 교육을 받을 수 있도록 기반을 마련하였지만, 질 높은 교육을 받고자 해외 유학을 선택하는 청년들이 점차 확대되고 있다. 『2017 하이구이 인재 생태 보고(2017海归人才生态报告)』에 따르면, 유학생들이 해외 진출을 선택하게 된 원인은 "해외 질 높은 교육", "독립, 소통, 창의 능력 양성", "국제적 경험 및 안목 형성", "국내 교육체제 기피", "취업 준비", "해외 명문대 선호", "이민" 등이 영향요인으로 작용한다.[26]

(2) 중국 해외 유학생의 특징

중국의 개혁개방과 함께 급증한 해외 유학생은 아래와 같은 특징을 나타낸다. 첫째, 유학생 출신지역의 다원화이다. 1978년 해외 유학의 문호가 개방되면서 초기 해외로 진출한 중국 유학생 대부분은 베이징(北京), 상하이(上海), 광저우(广州) 등 대도시이거나 샤먼(厦门), 항저우(杭州) 등 연해도시 출신이었다. 그러나 중국 국내 경제성장과 더불어 랴오닝(辽宁), 지린(吉林), 허룽장성(黑龙江省)을 비롯한 동북3성은 물론, 산시(山西), 스촨(四

26 智联招聘华南区人才研究院(2017): https://max.book118.com/html/2017/0715/6133213045001034.shtm(검색일: 2019.12.30.)

川), 후난(湖南) 등 내륙 지역에서도 대규모의 유학생이 해외로 진출하기 시작하면서 유학생 출신지역은 거의 전국 각 지역을 망라하게 되었다.

둘째, 유학국가의 다원화이다. 세계 최대 유학생 송출국으로서 중국의 유학생은 세계 각국에 분포되어 있으며, 일부 선진국에 집중되는 동시에 다양한 국가에 산재해 있는 특징을 나타낸다. 2018년 기준 미국은 연속 4년 동안 중국 유학생이 가장 많이 진출한 국가이며, 영국, 호주, 싱가포르, 프랑스 등 선진국이 그 뒤를 이었다. 다른 한편, 중국 유학생은 서구 선진국에 집중되었을 뿐만 아니라, 한국, 일본, 러시아를 비롯한 주변 국가에도 산재해 있다. 예컨대 한국으로 유입된 중국 유학생 규모는 해마다 증가하여 2019년 12월 기준 71,719명[27]의 중국 유학생이 한국에 체류하고 있는 것으로 집계되었으며, 이는 전체 유학생의 39.81%를 차지한다. 더불어 중국의 "일대일로(一帶一路)" 국가전략의 시행 및 추진과 함께 관련 국가로의 유학생 진출도 증가하고 있는 추세이다. 관련 보도에 따르면, 2018년 기준 일대일로 연선국가(沿线國家)로 유학을 떠난 중국인은 6만 6,100명으로 전년 동기 대비 15.7% 급증했다.[28]

셋째, 조기유학의 규모가 지속적으로 증가하고 있다. 세계화의 흐름 속에서 최근 중국 국내에는 초 · 중 · 고등학생의 유학이 급증하고 있는 추세이다. 예컨대 상하이시의 통계에 따르면, 2013년 기준 상하이 출신 해외 진출 유학생 중 19세 이하 유학생이 전체 규모의 27%를 차지하고 있으며[29], 이러한 비율은 꾸준히 증가하고 있다. 또한 중국교육온라인(中国教育在线)의 관련 통계에 따르면, 2018년 미국 체류 중국 유학생 중 석 · 박사

27 출입국 · 외국인정책본부(2019), 『2019년 12월 통계월보』, http://www.immigration.go.kr/immigration/index.do(검색일: 2020.03.11.)

28 데일리차이나(2018년 6월 20일 보도), http://dailychina.co.kr/sub_read.html?uid=2348&section=sc3&section2=(검색일: 2019.12.31.)

29 张留禄 · 姚小垠(2014), 『新形势下我国归国留学生的就业问题』, 『当代青年研究』 第331期, 上海社会科学院青少年研究所, p. 22.

비율은 꾸준히 감소하여 10년 전 80%에서 42%로 하락하였다. 반면 미국 초 · 중 · 고등학교에 진학한 중국 유학생의 규모는 계속 증가하여 전체 유학생의 52%를 차지하고 있다.[30] 이렇듯 조기유학은 중국 해외 유학생의 새로운 특징으로 나타나고 있다. 조기유학이 증가하는 원인은 중국 국내에서의 치열한 경쟁, 진학에 대한 부담, 어학능력 향상, 해외 선진국의 다양하고 수준 높은 교육환경 등으로 볼 수 있다.

(3) 중국 해외 유학생 귀국 현황

중국은 세계 최대 유학생 송출국으로, 현재 중국 유학생은 세계 100여 개 국가에 분포되어 있다. 2000년대 이후 모국으로 귀환하는 중국 유학생은 꾸준히 증가하였는데, 아래 〈그림 2.2〉에서 나타나듯이 2011년에 처음으로 50%를 돌파하였으며, 2018년에는 귀국율이 78.44%에 이르렀

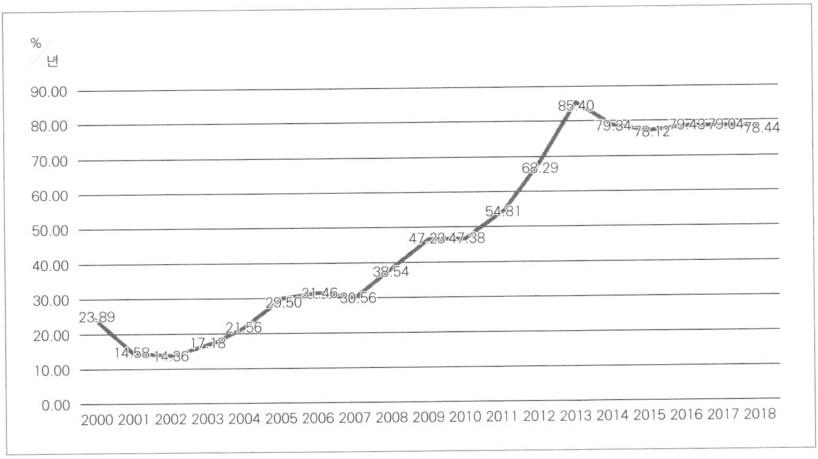

그림 2.2 중국 해외 유학생 귀국율(2000~2018년)
출처: 중국 교육부 유학생 통계수치 저자 정리 분석

30 中国教育在线: https://www.eol.cn/(검색일: 2020.03.11.)

다. 교육부의 통계에 따라면, 1978년부터 2018년까지 전체 유학생 중 모국으로 귀환한 비율은 84.46%로 나타났다. 이렇듯 중국 해외 유학생의 귀국 행보가 "귀국 붐"으로 이어지고 있다. 과거 북미, 유럽 등 선진국에서 유학한 후 현지에서 취직하는 것이 대세였지만, 최근 들어 모국으로 귀환하는 유학생이 대폭 늘어난 것이다. 2000년대 초반부터 2018년까지 졸업 후 해외 체류 대신 귀국한 유학생 비율은 14.36%에서 78.44%로 약 5배 증가하였다. 약 20년 사이에 해외 취업보다 모국 귀환을 선호하는 유학생이 늘어난 것이다.

중국 국내에서는 유학생의 이러한 "귀국 붐"을 3단계로 구분하고 있다. 제1차 "귀국 붐"은 2000년부터 2010년으로 중국 유학생의 귀국율이 최저 14.36%에서 47.38%로 대폭 상승하였고, 제2차 "귀국 붐"은 2011년부터 2013년으로 유학생 귀국율이 54.81%에서 85.40%로 폭발적으로 증가하였으며, 제3차 "귀국 붐"은 2014년부터 현재까지 유학생의 귀국율이 70%대를 유지하고 있다. 즉 현재 중국의 해외 유학생 귀국 열풍은 계속 이어지고 있으며, 해마다 다양한 우수 인재가 중국으로 귀환하고 있다.

(4) 귀국 유학생 특징

급속한 경제성장과 함께 심각한 인재 부족 현상을 경험한 중국정부는 1980년대부터 꾸준히 유학생의 모국 귀환을 유도하였다. 중국 정부의 다양한 귀국 장려 정책에 힘입어 현재 중국은 유학생 귀국 비율이 가장 높은 국가이기도 하다. 모국으로 귀환한 유학생은 아래와 같은 특징을 나타내고 있다.

첫째, 여성 비율이 증가하고 있으며, 다양한 연령대 유학생의 모국 귀환이 활발하게 이어지고 있다. 중국 교육부에서 발표한 『중국 유학생 귀국 취업 보고서 2015(中国留学回国就业蓝皮书2015)』에 따르면, 귀국 유학생 중 여성 비율이 59.16%를 차지해 남성보다 높게 나타났다. 여성 귀국자가 늘어나고 있는 원인은 해외 취업 및 국적 취득 어려움 외에도 배우자를 찾는 어려움이 작용한 것으로 분석된다.[31] 또한 귀국 유학생의 평균 연령은 27세로 나타났다. 귀국 유학생 중 석사의 평균 연령은 26.56세이고, 박사의 평균 연령은 32.09세이다. 귀국 유학생의 80.7%는 석사학위를 취득하였고, 9.49%가 박사학위를 취득하였으며, 9.81%가 학사학위를 취득하였다.[32] 특히 2015년 이후에는 30~40대 유학인재의 귀국 비중이 가시적으로 증가한 것으로 나타났다. 이러한 연령대의 귀국 유학생은 해외에서 다년간 근무한 경력과 풍부한 경험을 누적하고 있어 귀국 후 기업의 고위임원이나 중책을 담당하는 경우가 대다수이다.[33]

둘째, 유학생들의 다양한 출신지역과 달리, 귀국 유학생들은 베이징, 상하이, 광저우, 선전을 비롯한 일선도시(一线城市)[34]와 항저우(杭州), 수저우(苏州)를 비롯한 신일선도시(新一线城市)[35]에 집중되었다. 『중국 유학생 귀국취업 보고서 2015』에 따르면, 귀국 유학생 중 49.34%가 베이징, 상하이, 광저우, 선전을 비롯한 일선도시에 집중되었으며, 최근에는 알리바바

---

31 연합뉴스(2016년 3월 26일 보도), "中 귀국 유학생 60%는 여성...배우자 못 찾아 귀국", https://www.yna.co.kr/view/AKR20160326027800083?input=1195m(검색일: 2020.02.20.)

32 中国教育部, 『中国留学回国就业蓝皮书2015』, https://max.book118.com/html/2018/0416/161765637.shtm(검색일: 2019.12.30.)

33 데일리차이나(2018년 6월 20일 보도), http://dailychina.co.kr/sub_read.html?uid=2348&section=sc3&section2=(검색일: 2019.12.31.)

34 일선도시란 중국 국내에서 정치 · 경제 등 다양한 영역에서 주도적 역할을 담당하는 대도시를 지칭하는 용어이다. 중국의 일선도시는 베이징, 상하이, 광저우, 선전(深圳)이 포함된다.

35 신일선도시는 『제1재정주간(第一财经周刊)』이 중국의 338개 지급별 도시(地级市)를 종합평가하여 선정한 중국의 대도시이다. 신일선도시의 선정기준은 도시의 상업자원 집중도, 지리적 위치 및 교통 편리성, 도시 활력, 생활방식의 다양성, 미래지향성 등이다. 2019년에 선정된 15개 신일선도시는 청두, 항저우, 충칭, 우한(武汉), 시안(西安), 수저우, 톈진, 난징(南京), 창사(长沙), 정저우(郑州), 둥관(东莞), 칭다오(青岛), 선양(沈阳), 닝버(宁波), 쿤밍(昆明)이다. 〈https://baike. baidu.com/item/% E6%96%B0%E4%B8%80%E7%BA%BF%E5%9F%8E%E5%B8%82(검색일: 2020.03.11.)

의 고향 항저우, 국가 주요 신흥 하이테크 산업 중점 도시 수저우, 중국 서남지역 요충지인 청두(成都), 4대 직할시에 해당되는 충칭(重庆) · 텐진(天津) 등 신일선도시도 각광받고 있다. 이러한 현상은 중국 국내 도시 발전이 점차 균형이 이루어지고 있어 취업기회와 생활수준 격차가 점차 축소되고 있는 상황에서 기인된다.

셋째, 귀국 유학생은 중국 창업시장의 신생 역량으로서 창업 문화를 선도하고 있다. 해외에서 공부하거나 전문직에 종사하다가 귀국한 "하이구이"는 중국을 창업국가로 이끌고 있다. 그들은 유학과 해외 기업 근무를 통해 쌓은 전문지식과 외국어 실력을 기반으로 중국 기업을 글로벌 기업으로 성장시키고 있다. 바이두(百度)의 공동창업자 리옌훙(李彦宏), 화웨이(华为) CTO 리싼치(李三琦), 샤요미(小米) 공동창업자 린빈(林斌) 등이 대표적인 "하이구이"이다. 그들이 창업한 기업은 중국의 새로운 경제성장을 이끌고 있으며, 정보기술을 비롯한 기술기반 산업 영역에서 빛을 발하고 있다. 『2017 하이구이 인재 취업 및 창업 보고서』에 따르면 귀국 유학생들이 가장 선호하는 업종은 금융, 인터넷, 과학기술 산업으로 조사되었다. 또 그들이 주로 창업에 뛰어든 분야는 교육, 전자상거래, 생활서비스 등에 집중되었으며, 귀국 유학생 창업은 저령화 추세를 보이면서 창업자 70%정도가 30세 이하인 것으로 나타났다.

넷째, '기회의 땅'이라고 불리는 중국에서 유학파에 해당되는 귀국 유학생은 취직이 상대적으로 용이하다. 『2018 중국 하이구이 취업 창업 조사 보고(2018中国海归就业创业调查报告)』에 의하면, 귀국한 유학생 중 72%는 이미 취직하였고, 16%가 취업 준비 중이며, 5%가 창업한 것으로 나타났다.[36] 귀국 유학생의 가장 큰 경쟁력은 외국어 실력, 넓은 시야, 빠른 적응

36 2018中国海归就业创业调查报告: https://baijiahao.baidu.com/s?id=1609389952468334444&wfr=spider&for=pc(검색일: 2019.12.31.)

능력으로 볼 수 있다. 따라서 중국의 경제성장과 더불어 취업기회가 늘어나면서 상대적으로 우수한 언어능력과 전문지식, 해외 경험을 가진 유학파가 보다 쉽게 취직할 수 있는 것으로 나타났다.[37]

3. 귀환이주의 영향요인

1) 동남아 화인 디아스포라의 모국 귀환 원인

일반적으로 디아스포라의 모국 귀환이주는 모국, 거주국, 디아스포라 집단 삼자 간의 상호작용에 의해 이루어진다. 중국으로 귀환한 화인 디아스포라도 중국, 동남아 지역을 비롯한 거주국, 그리고 화인 디아스포라 사회 삼자 간의 상호작용에 의해 귀환이주가 실현된 것이다. 그 중에서도 중국의 귀환화교정책은 동남아 화인 디아스포라가 모국으로 귀환하는 가장 핵심적 요인이다.

(1) 귀환동포법 제정

중국은 재외동포를 화교, 외국국적화인, 귀교 · 교권으로 구분하여 정책을 추진하고 있다. 그만큼 해외에 거주하고 있는 재외국민과 외국국적동포 뿐 아니라, 귀환이주 한 귀교와 그들의 가족도 정책대상으로 접근하여 그들의 정착과 사회적응 문제를 지원하고 있다는 것이다.

중국 귀환동포정책의 가장 핵심적인 법적 근거는 바로 1990년 9월에 제정, 2000년에 수정, 그리고 2004년에 구체적 『실행방법(實施辦法)』을 공

---

37 中国韩国商会, http://www.korcham-china.net/html/newsflash/newsletter_list.asp?SearchCategory =&SearchSubCategory=&SearchKey=&SearchValue=&flag=READ&Page=1&Seq=15209(검색일: 2019.12.31.)

개한 『귀교교권권권익보호법』이다. 『보호법』의 목적은 "귀교, 교권의 합법적 권리와 이익을 보호"[38]하기 위한 것이며 헌법에 근거해 제정되었다. 『보호법』 제3조 제1항은 "귀교, 교권은 헌법과 법률이 규정한 공민으로서의 권리가 있으며, 동시에 헌법과 법률이 규정한 공민으로서의 의무를 이행해야 한다. 모든 조직이나 개인은 그들을 차별해서는 안 된다."[39]고 규정함으로써 귀교와 교권의 국민으로서의 안정적 법적 지위를 보장하였고, 모든 국민과 평등하다는 것을 명문화시켰다. 더불어 "국가 실정 및 귀교, 교권의 특성에 따라 적당한 혜택을 부여"[40]함으로써 귀교 및 교권의 모국 정착 지원에 법적 근거를 마련하였다.

전체 30개조로 구성된 이 법률에 근거하여 귀교와 교권은 아래와 같은 권익이 보장된다. 첫째, 정치적 권리를 보장한다. 국가는 귀교 및 교권의 귀국과 정착의 권리를 보장하고, 이를 위해 편의를 제공하며, 더불어 참정 및 결사의 권익을 보호한다. 둘째, 경제적 권리를 보장한다. 국가는 귀교 및 교권이 성립한 단체, 농장, 삼림, 기업, 투자, 공익사업, 사유부동산의 소유권, 송금 수입, 해외유산의 계승, 접수, 증여 및 처분에 관한 권익을 보호한다. 예컨대 『보호법』은 "국가는 귀교와 교권의 국내 사유부동산의 소유권을 법적으로 보호한다. 귀교, 교권의 부동산을 징용하거나 철거한 경우 반드시 합리적인 보상과 사후 배치를 적절히 해야 한다"[41]고 규정하고 있다. 셋째, 교육, 노동취업, 의료 보장이다. 국가는 귀교 및 교권의 국내 학습권을 보장하고, 이들의 취업, 의료, 유학에 관한 권익을 보호한다. 넷째, 출입국 및 '해외관계' 유지를 보호한다. 국가는 귀교, 교권의 해외 통신, 출입국, 해외방문, 해외정착, 해외에서의 정당 권익 등 이른바 '해외관

38 『歸僑僑眷權益保護法』 第一條.

39 『歸僑僑眷權益保護法』 第三條.

40 『歸僑僑眷權益保護法』 第三條.

41 『歸僑僑眷權益保護法』 第十三條.

계'의 권익을 보장한다.[42] 다섯째, 귀교와 교권의 합법적 권익을 침해한 경우에 대한 처벌이다. 그 어떤 조직이나 개인이 귀교와 교권의 정치, 경제, 사회적 권리를 침해했을 경우, 경제적인 손해배상은 물론, 행정처분, 민형사상 책임 등 법적인 처벌을 받아야 한다고 규정하고 있다.

요컨대, 『보호법』은 귀교 및 교권의 정치, 경제, 교육, 취업, 의료 등 다양한 분야의 권익을 보호함으로써, 모국으로 귀환한 화교들의 평등한 지위를 보장하였으며, 그들이 하루 빨리 모국사회에 안정적으로 정착하는데 법적 기반을 마련하였다.

(2) 참정권 보장

다양한 이주배경을 지닌 귀교 · 교권에게 있어서 정치활동 참여 여부는 그들이 모국사회에서 안정적으로 정착하고 있는가를 가늠하는 중요한 척도 중의 하나이다. 중국 정부는 귀교 · 교권의 평등한 지위를 보장하기 위해 그들의 정치참여를 독려하고 있다. 『중화인민공화국 전국인민대표대회 및 각급인민대표대회 선거법』 제6조에 의하면, "전국인민대표대회와 귀교 규모가 큰 지역의 지방인민대표대회는 적당한 비율의 귀교대표가 있어야 한다. 해외거주 중국 국민이 현급(縣級) 이하 인민대표대회 선거기간 국내에 체류할 경우, 원적지 혹은 출국 전 거주지의 지방선거에 참여할 수 있다"[43]고 규정하고 있다. 더불어 『보호법』에도 귀교와 교권의 참정권을 보장한다는 것을 명문화하여 귀교가 인민대표 신분으로 전국인민대표대회 혹은 지방인민대표대회에 참석하여 그들의 정치적 권리를 행사하고, 정책적 욕구를 반영할 수 있도록 하였다. 제1차 전국인민대표대회부터 매

---

42 최승현(2014), "당대 중국 〈귀교교권권익보호법〉의 역사적 배경 및 그 의의 연구", 『중국인문과학』 제57호, pp. 238-239.

43 『中华人民共和國全國人民代表大会和地方各級人民代表大会選擧法』 總則第六條.

차 대회에는 모두 귀교 대표가 참석하였다. 더불어 지방인민대표대회에도 귀교, 교권 대표를 적극 영입하였다. 예컨대 푸젠성은 2007년부터 인민대표대회에 반드시 귀교, 교권 대표가 20%정도 차지해야 한다고 규정하였다.[44]

표 2.2 전국인민대표대회 귀교 참석 규모

(단위: 명)

구분	제1차	제2차	제3차	제4차	제5차	제6차	제7차	제10차	제11차	제12차
참석규모	32	30	30	30	35	40	50	37	35	35

출처: 張秀明(2008), "改革開放以來僑務政策的演變及华僑华人與中國的互動", 『华僑华人曆史研究』 2008年第3期刊, p.8. 보완

귀교와 교권은 인민대표대회뿐만 아니라, 정치협상회의에도 적극 참여하여 그들의 정치적 권리를 행사하고 있다. 귀교, 교권들로 구성된 '중화전국귀교화교연합회'는 전국정치협상회의의 기관구성원으로서 귀교, 교권과 해외 화교들의 정치적 의견을 반영하고 있다. 예컨대, 2001년 제11차 전국정치협상회의에서는 해외에 거주하는 화교 · 화인 대표 총 31명을 초청하여 그들의 목소리에 귀를 기울였다. 이러한 대표는 일본, 타이, 필리핀, 프랑스, 독일, 러시아, 미국, 캐나다 등 16개 국가로부터 초청되어 해외 화교 · 화인 현황과 현지에서 필요한 정책을 논의하였다.[45] 귀교, 교권, 해외 화교 · 화인이 정치협상회의에 참여하는 것은 화교 · 화인사회가 모국과 연계를 강화하는 중요한 수단 중의 하나이다.

더불어 귀교들은 그들을 대표하는 정당, 치공당(致公黨)을 설립하여 적극적으로 정치활동에 참여하고 있다. 치공당은 귀교, 교권 중에서도 중상

44 張秀明(2008), "改革開放以來僑務政策的演變及华僑华人與中國的互動", 『华僑华人曆史研究』 2008年第3期刊, p. 8.

45 中國僑網.

위층 구성원들로 뭉친 그들만의 정당으로서 중국 20개 성, 자치구에 관련 기관이 설립되어 있으며, 그 회원만 해도 약 38,000명[46]에 이른다.

(3) 모국정착 지원

귀교와 교권의 안정적인 모국정착과 융합을 위해 중국 정부는 다양한 사회복지정책을 실행함으로써 그들의 모국사회 적응을 지원하고 있다. 1980년대 이전에 시행된 모국정착 지원정책은 정부가 전액 부담하여 획일적으로 추진하였기에, 귀교, 교권의 의지와 관계없이 일방적으로 실행되었다. 이로 인해 귀교, 교권은 정체성 혼란과 사회적 부적응을 경험하여 대규모 재이주를 선택하였다. 1990년대 이후의 모국정착 지원정책은 기존의 시행착오에서 벗어나 정부 주도가 아니라, 귀교 · 교권의 개인의지에 따라 자율적으로 정착하되, 중앙정부와 지방정부에서 큰 틀에서만 지원정책을 추진하고 있다.

특히 2000년에 개정된 『보호법』 제10조에는 법적으로 귀교, 교권의 사회복지권 보장을 명시하였으며, 고용주의 귀교, 교권 사회보험 가입을 의무화시켰다. 또한 노동력을 상실하거나 경제적 수입이 없는 귀교와 교권은 지방정부에서 지원하도록 요구하고 있다. 2004년에 제정된 『실행방법』은 사회복지정책의 구체적 매뉴얼을 공개하였다. 즉 고용주는 귀교, 교권을 고용함에 있어서 반드시 사회보험에 가입시켜야 하며, 사회보험에 가입한 귀교, 교권은 법적으로 연금보험, 의료보험, 실업보험, 최저생활보장을 받을 수 있으며, 산재 및 출산 보험이 보장된다고 규정하고 있다. 더불어 지방정부는 생활이 어려운 귀교, 교권을 지원하되, 취업교육을 통해 자립할 수 있도록 도와주어야 한다. 또한 노동능력을 상실하거나 경제적

46 中國致公黨網站: http://news.xinhuanet.com/ziliao/2004-11/06/content_ 2183587.htm(검색일: 2014.11.07.)

수입이 없는 귀교와 교권에 대해서 최저생활을 보장하고 생활환경을 개선할 수 있도록 지원하고 있다.[47]

그러나 이러한 사회복지정책에도 많은 문제점을 내포하고 있다. 첫째, 사회복지 지원 대상자는 사회보험에 가입한 귀교 · 교권에만 한정되기에 정책 적용 대상이 지나치게 협소하다. 사회보험 가입 대상자는 안정적인 일자리가 있거나 필요에 의해 개인적으로 신청하는 경우가 대부분이다. 그러나 귀교와 교권은 불안정한 취직현황과 취약한 사회정보로 인해 사회보험 가입 대상자에서 제외되는 것이 대부분이다.

둘째, 현재 추진되고 있는 모국정착 지원은 사회보험료를 지급하거나, 생계유지가 어려운 귀교 · 교권에게 생활용품을 지원하는 방식으로 접근하고 있다. 그들이 하루 빨리 모국사회에 적응하여 주류사회에 진출할 수 있도록 서비스 중심의 지원 프로그램이 절실한 상황이다. 예컨대 그들이 안정적으로 정착할 수 있는 주택 마련, 취업교육 및 알선, 중국어(표준어와 지방 사투리) 및 현지문화 이해 교육 등이 시급하다.

셋째, 귀교 · 교권의 모국사회 적응을 위한 통합 프로그램이 미흡하다. 모국으로 귀환한 귀교, 교권은 거주국에서 태어나고 자랐기에 모국사회에 대한 이해가 부족하다. 따라서 모국사회 구성원과의 원활한 교류와 주류사회 진출을 위해서 거주국별 특성에 따른 통합 프로그램 지원이 마련되어야 할 것이다.

(4) 체계적 정책추진 시스템 구축

화교 · 화인의 영향력이 전 세계로 확대됨에 따라 중국 정부의 화교정책도 다원적으로 급격하게 발전되고 있다. 해외거주 화교, 외국국적화인, 모국으로 귀환이주한 귀교 · 교권 정책을 체계적으로 운영하기 위해 중국

---

47 劉國福(2010), pp. 46-47.

은 중앙정부로부터 지방정부에 이르기까지 종적 및 횡적으로 체계적인 운영시스템을 구축하고 있다.

현재 중국 화교정책 관련 시스템은 정책 최고의사결정 시스템, 화교 참정업무 시스템, 정책계획 시스템, 부서를 뛰어넘는 화교업무 집행 시스템, 화교업무 협력 시스템, 정당 및 군중 시스템 등 총 6개 부분으로 나누어져 추진되고 있다. 구체적으로 첫째, 중국 화교정책의 최고 의사결정기구는 중공중앙외사업무지도소조(中共中央外事工作領導小組, 외사소조로 약칭)이다. 외사소조(外事小組)는 화교의 해외 파견, 응집력 강화, 거주국 화교 · 화인의 정치 · 경제력 신장 등 업무를 담당함으로써 주재국과 중국 정부 간에 상호협력을 조성하고 기여하는 역할을 한다. 둘째, 화교의 정치참여를 담당하는 부서는 전국 및 지방인민대표대회의 화교위원회, 전국정치협상회의 화교위원회 등이 있다. 이러한 부서는 해외화교 및 모국으로 귀환한 귀교 · 교권의 정치적 의견을 수렴하고 논의하는 중요한 장을 마련한다. 셋째, 전문적인 화교업무 정책 발전계획과 수행 체제를 담당하는 부서는 국무원 교무판공실(國務院僑務辦公室)과 통일전선부(統戰部)이다. 정부조직에 속하는 교무판공실은 화교업부의 방침, 정책, 법규를 제정하는 최고기관이며, 동시에 화교 현황조사, 대외홍보, 화교 투자유치 등 업무를 담당한다. 당조직에 속하는 통일전선부는 홍콩 · 마카오 · 대만 및 해외에 산재해 있는 화교 · 화인 단체와 공동으로 통일전선업무를 수행하는 기관이다. 넷째, 부 및 위원회 조직을 뛰어넘는 화교업무 집행체제는 중국화문교육기금회(中國华文教育基金会), 중국국가한어국제보급 간부조직사무실(中國國家漢語國際推廣領導小組辦公室) 등이 있다. 이러한 부서는 중화문화를 알리고, 중국어 교육 사업을 발전시키며, 해외문화교류를 촉진하는 역할을 담당한다. 다섯째, 화교정책 시스템에는 화교업무를 전담하는 부서 외에도 다양한 협력 부서가 있다. 예컨대, 화교기업 투자 허가와 관리를 담당하는 상업부, 화교 관련 법률 제 · 개정을 담당하는 재정부, 해외화교에게 모국 정보를 제공하는 신화사(新华社) 등이 협력부서에 해당된다. 여섯째, 화교 관련 정당이다. 위에서도 언급했다시피, 중국 국내에는 귀교 · 교권으로 구성된 화교 정당 치공당이 있으며, 또한 해외 화교, 귀교, 교권으로 구성된 '중화전국귀국화교연합회(中华全國歸僑聯合会)', '중화해외연의회(中华海外聯誼会)', '중국해외교류협회(中國海外交流協会)' 등 다양한 단체들이 있다.[48] 요컨대, 중국 정부는 재외동포정책을 추진함에 있어서 중앙정부로부터 지방정부에 이르기까지, 그리고 당조직은 물론 정당과 사회단체를 총망라하여 화교업무를 추진하고 있다.

(5) 화교 · 화인과의 네트워크 강화

중국은 전 세계 180여 개국에 산재해 있는 4,543만 명의 재외동포를 보유하고 있으며, 이들 재외동포 대부분은 이미 거주국 국적을 취득한 외국국적화인이다. 그러나 1978년 개혁개방 이후, 중국에 투자된 외국자본 가운데 60% 이상은 홍콩과 마카오에서 유입된 자금이며, 이 자금의 대부분은 화교 · 화인이 홍콩과 마카오를 경유해 중국으로 투자된 자본이다.[49] 중국 정부는 화교 · 화인 거주국과의 외교적 갈등을 인식해 재외동포정책의 초점을 화교에 두고 있지만, 외국국적화인의 모국 투자를 유도하고 모국으로 향한 구심력을 강화하기 위해 귀교와 교권을 통해 그들을 포섭하고 있다.

『보호법』에서 제시된 일련의 조항은 화교, 귀교, 교권을 비롯한 중국 국적 소지자를 대상으로 하기 때문에 외국국적화인과는 큰 연관이 없어

---

48 范世平, 한중미래연구소 역(2014), 『중국의 화교정책과 업무체계』, 재외동포재단, pp. 151-179.

49 岩崎育夫(1997), "東南亞华人資本的海外投資動向", 『华僑华人歷史研究』1997年第4期, pp.18-26; 최승현(2003), "현대 중국 교민정책에 대한 소고: '외적화인'에 대한 정책을 중심으로", 『중국학논총』 제16호, pp. 189-190. 재인용

보이지만, 화교의 국내 친척 역시 교권이라는 규정은 외국국적화인의 가족, 친척이 향유할 수 있는 권리를 암시하는 것이었고, 더군다나 각 성과 시의 내부 규정은 외국국적화인을 화교와 동일시하고 있다.[50] 특히 2004년에 공개된 『실행방법』 제3조에는 "화교, 귀교의 사망 혹은 화교의 신분이 바뀌더라도 국내 교권의 신분은 변하지 않는다"라고 명시하고 있다. 즉 화교가 거주국 국적을 취득하여 화인으로 신분 전환되어도 그들의 국내 가족인 교권의 합법적 권익을 보호한다는 것이다. 더불어 2004년 8월에 실행된 『외국인의 중국영주권 신청 심사 관리방법(外國人在中國永久居留審批管理辦法)』은 외국인이 중국에서 영주할 수 있는 권리를 처음으로 법제화한 조치로써, 이는 주로 외국국적화인을 대상으로 추진된 정책이다.

다시 말해, 중국 정부는 귀교와 교권에 대한 정책적 보호를 강화하고, 나아가 외국국적화인의 영주권을 허용함으로써 화교 · 화인의 모국에 대한 구심력을 강화시키고 있다. 이는 중국 정부가 귀환동포의 모국정착을 지원함으로써 해외거주 재외동포와의 네트워크를 강화하는 효율적 정책 수단이다.

2) 해외 유학생의 모국귀환 원인[51]

2000년대 이후 해외 진출 유학생의 모국 귀환 비율이 가시적으로 증가하여, 현재 중국은 제3차 유학생 "귀국 붐"을 경험하고 있다. 유학생의 모국 귀환은 다양한 영향요인이 종합적으로 작용한 결과물이다.

---

50 최승현(2010), p. 239.

51 제2장 제3절 "해외 유학생의 모국 귀환 원인" 부분은 김혜련(2020), "중국 해외 유학생의 모국 귀환과 귀국영향요인 분석", 『동북아문화연구』 제62집, pp. 151-155를 인용하였음.

(1) 국내외 정세 변화

① 국제환경의 변화

최근 들어 중국은 새로운 "하이구이" 귀국 열풍을 맞이하고 있다. 과거 미국, 캐나다, 영국, 호주 등 선진국에서 유학한 이후 현지에서 취직하여 정착하는 것이 대부분 유학생의 선택이었다면, 현재는 모국으로 귀환하여 국내에서 취직하는 유학생이 대폭 증가하였다. 약 20년 사이 해외 취업보다 국내 취업을 선호하는 유학생이 늘어난 것이다. 이는 중국 경제의 고속성장과 밀접한 연관이 있다. 과거 유학생은 학업을 마친 후 해외에서 취업할 경우 중국에서 보다 높은 연봉을 약속받았다. 하지만 중국 경제와 일자리 시장이 성장하면서 국내에서도 좋은 대우를 받을 수 있게 되자 많은 유학생이 귀국을 결심하고 있다. 실제로 이 기간 동안 중국의 GDP는 8배나 성장했고, 경제 순위도 세계 7위에서 2위로 올라갔다.

또한 열악해진 서구의 경제환경도 중국 유학생들의 귀국에 큰 요인으로 작용하고 있다. 2008년 글로벌 금융위기와 미국 · 유럽 각국의 엄격한 이민정책 시행 때문에 졸업 후 현지 취업이 어려워져 유학생들이 취업을 위해 귀국하고 있는 것이다. 예컨대 트럼프 정부 출범이후 미국의 반(反)이민정서가 강화됨에 따라 유학생 비자 발급에 대한 심사가 더욱 까다로워졌을 뿐만 아니라, 졸업 후 취업하거나 전문직 취업 비자를 받기가 한층 더 어려워졌다. 아울러 미국인 우선 고용정책으로 인해 유학생들이 졸업하더라도 미국 내에서 취업하기가 어려워졌다. 구체적으로 2019년 미국의 전체 유학생 중 33.7%(36만 9,548명)가 중국 유학생으로 1위를 차지하였지만, 증가세는 1.7%에 그쳐 지난 10년 간 연평균 20% 증가하는 수치에 비해 최저 수준이다.[52] 이러한 상황 속에서 미국으로 진출하는 중국 유학

52 중앙일보(2019년 11월 23일 보도), https://news.joins.com/article/23639752(검색일:

생의 규모가 감소하는 동시에 졸업 후 현지 취업을 포기하고 중국으로 귀환하는 유학생 비율도 확대되고 있는 것이다.

② 중국의 경제성장과 유학인재 내수 증가

1978년 개혁개방이후 중국은 급속한 경제성장을 기록하였으며, 40여 년 간 끊임없는 시장개혁을 통해 다차원적으로 교역로를 개척하고, 해외자본 투자를 유치하여 세계 제2위의 경제대국으로 성장하였다. 1978년 수출 총액이 전 세계 무역거래의 1% 정도에 불과한 100억 달러였던 중국이 현재는 세계 최대 상품 수출국으로 급부상하였다. 최근 중국의 경제성장률이 6%대로 하락하면서 경제성장 둔화세를 보이고 있지만, 중국은 여전히 전 세계 경제 성장을 주도하는 가장 강력한 국가 중의 하나이다.

중국은 지속적인 경제성장을 이루기 위해 2013년 "일대일로(一帶一路)" 전략을 제시하여 주변 신흥시장으로 진출함으로써 경제영토를 확대하고 있으며, 2015년에는 성장에 한계에 다다른 제조업을 새롭게 발전시킬 "중국제조(Made in China) 2025"와 중국 인터넷 기업이 글로벌 시장에서 입지를 다질 수 있는 "인터넷플러스" 전략을 제시하였다. 이렇듯 중국은 다양한 신경제 정책을 통해 경제성장 동력을 확보하고 있으며, 중국의 산업구조도 노동집약형에서 점차 자본집약형 및 기술집약형 산업으로 과도하고 있다. 이러한 배경 속에서 중국은 더 많은 첨단 우수 인재를 필요로 하게 되었으며, 유학인재에 대한 수요가 점차 확대되고 있다. 또한 중국으로 진출한 다수의 다국적 기업들은 중국어에 능통하고 중국문화에 익숙한 글로벌 인재를 필요로 하고, 해외로 진출한 중국 기업은 글로벌 경험이 있는 중국 인재를 선호하면서 유학인재에 대한 중국의 수요는 갈수록 높아

2020.03.11.)

졌다.[53]

요컨대 중국 유학생이 다수 진출한 미국과 유럽 각국의 경제 부진, 반이민정서는 중국 유학생이 현지 취직을 포기하고 모국으로 귀환하는 송출요인으로 작용하였고, 반면에 중국 국내의 꾸준한 경제성장과 유학인재에 대한 수요 증가는 유학생 모국 귀환의 흡수요인으로 작용하였다.

(2) 중국정부의 유학생 귀국 장려 정책

전 세계 100여 개 국에 산재해 있는 중국 유학생이 현지 정착을 포기하고 모국으로 귀국하는 중요한 요인 중의 하나가 바로 중국의 적극적인 귀국 장려 정책이다. 인재유출 규모가 세계 1위라는 오명을 받았던 중국은 국내 심각한 인재 부족 문제를 해결하기 위해 1980년대부터 인재강국 전략을 추진하여 해외 인재를 유치하기 시작하였다.[54] 중국에서 적극 유치하는 해외인재에는 외국인 인재와 해외 체류 유학인재가 포함된다. 중국은 교육부, 중국과학원, 공산당중앙판공청, 인력자원사회보장부를 비롯한 다양한 중앙부서 차원에서 해외 우수인재 유치 정책을 추진하였다. 그 중에서 가장 대표적인 것이 "백인계획", "천인계획", "장강학자장려계획", "유학귀국인원 과학연구 착수기금", "춘휘계획" 등이다.

"백인계획"은 중국 중앙정부 차원에서 가장 일찍 가동한 해외 우수인재 유치 프로젝트로서, 1994년 중국과학원에서 국내 인재단층(人才断层) 문제를 해결하고자 추진한 인재 유치 계획이다. "백인계획"은 국내 학술연구 발전을 이끌 수 있는 선도적 리더인재를 양성하는 것이 목적이다.[55] "장강학자장려계획"은 1998년 교육부에서 홍콩의 화교 사업가 리자청(李

53 양미경(2017), "인재순환 관점의 외국인재 유치정책", 동국대학교 대학원 박사학위논문, p. 45.

54 김혜련(2019), p. 870.

55 김혜련(2019), p. 871.

嘉诚)과 공동으로 추진한 민관 협력 인재육성 프로젝트로서,[56] 우수한 학자를 양성하는 동시에 대학교 경쟁력을 확보하기 위한 계획이다. 2008년 공산당중앙판공청에서 시행한 "천인계획"은 가장 주목받는 우수인재 유치 프로젝트이다. 이는 대규모 예산을 투자하여 글로벌 수준의 교수 및 학자를 유치하는 전략으로, 첨단기술 발전, 신흥 학문 성장을 도모하는데 필요한 핵심 인재를 유치하여 중국의 경제성장 및 산업고도화를 실현하도록 하는 프로젝트이다.[57]

"백인계획"과 "천인계획"을 비롯한 우수인재 프로젝트는 외국인 인재와 유학 인재를 모두 포함하는 전략이라면, "유학귀국인원 과학연수 착수기금", "춘휘계획", "고급 우수 유학인재 귀국지원계획" 등은 전문 유학인재를 대상으로 하는 프로젝트이다. "유학귀국인원 과학연구 착수기금"은 1990년 교육부에서 추진한 첫 유학인재 귀국 장려 프로그램으로, 교육기관이나 연구단체에서 취직한 귀국 유학생에게 연구 착수 지원금을 지급하는 것이다.[58] 지원금 신청 자격은 국내외에서 박사학위를 취득하고, 해외에서 1년 이상 유학한 45세 미만의 귀국 유학생이 교육기관이나 연구단체에 취직한 경우, 귀국 후 2년 이내에 신청할 수 있다.[59] 1997년 교육부에서 추진한 "춘휘계획"은 해외 유학인재의 귀국 후 일자리 마련 프로그램으로, 귀국 유학생에게 자금과 플랫폼을 제공함으로써 그들이 단기적으로 국내에서 일을 할 수 있도록 지원하는 것이다.

해외 체류 유학생의 모국 귀환을 독려하기 위해 교육부뿐만 아니라,

---

56 전영란(2011), "中國의 海外留學人才 育成政策와 成果", 『동아인문학』 제20권, 동아인문학회, p. 509

57 구자억 · 박승재 · 김한나(2014), 『해외인재 유치를 위한 중국정부의 천인계획의 시사점』, 한국교육개발원, p. 6.

58 中国留学网: http://www.cscse.edu.cn/publish/portal0/tab86/default.htm(검색일: 2020.01.02.)

59 전영란(2011), p. 506.

인력자원사회보장부도 다양한 프로젝트를 추진하였다. 2002년에 실시한 "고급 우수 유학인재 귀국지원계획"은 해외 대학 및 연구소의 교수 및 과학자 유치를 위해 자금과 플랫폼을 제공하였다. 이 프로젝트에 선정된 유학인재는 1인당 60만 위안의 정착금 지원을 받을 수 있다.[60] 2006년에는 "유학인원창업지원계획"을 시행하여 유학인재들이 중국으로 귀국한 후 창업시장에 진출할 수 있도록 자금과 플랫폼을 제공하였으며, 2010년에 추진한 "적자계획(赤子计划)"은 "국가를 위한 해외적자의 행동계획(海外赤子为国服务行动计划)"의 약칭으로, 해외에 체류 중인 유학생이 모국을 위해 일을 할 수 있도록 자금을 지원하였다. 이렇듯 중국은 중앙정부 차원에서 다양한 유학생 귀국 장려 프로젝트를 추진해 해외 유학인재의 모국 귀환을 독려한 동시에 각 지방정부도 현지 실정에 맞는 유학생 귀국 장려 프로젝트를 실시하였다. 상하이의 "푸쟝인재계획", "만명해외유학인재집결프로젝트", 우시(无锡)의 "530계획" 등이 대표적 사례이다.

중국 정부는 상술한 프로젝트를 통해 유학인재에게 자금과 관련 플랫폼을 제공할 뿐만 아니라, 그들의 창업 적극성을 유도하기 위해 다양한 지원 프로그램을 추진하고 있다. 특히 이공계 박사급 위주의 귀국 유학생 창업을 장려하기 위해 전용단지 및 혜택을 지속적으로 제공하고 있다. 1994년 난징(南京)에 최초로 설립된 귀국 유학생 창업단지는 전국에 280개로 확장되었으며, 16,000여 개의 기업이 입주해 4만 명이 근무 중이다.[61]

또한 2018년 리커챵(李克强)총리는 국무원 상무회의에서 "해외 유학생은 중국의 중요한 인적자원으로서, 더욱 많은 우대정책을 통해 그들의 귀국을 독려해야 한다"고 밝혔다.[62] 이에 따라 중앙부서는 물론 각 지방정

60 구자억 · 박승재 · 김한나(2014), p. 4.

61 https://blog.naver.com/sem2017/221428470564(검색일: 2020.01.02.)

62 丁雪峰(2019), p. 32.

부도 현지 실정에 따라 맞춤형 귀국 장려 정책을 시행하였다. 따라서 현재 귀국 유학생들은 귀국 후 면세차량 구입, 창업 혜택, 귀국 후 자녀 입학 지원, 학술연구 지원 등 다양한 분야에서 우대를 받고 있다.

(3) 현지적응 어려움

모국을 떠난 유학생들은 익숙했던 자신의 문화권을 이탈해 새로운 사회환경에 대한 스트레스에 노출되고 적응의 어려움을 경험하게 된다. 그들은 일반적으로 언어 문제, 등록금 및 재정문제, 사회적응, 고국에 대한 향수, 일상생활 어려움, 현지 주류사회 구성원의 배제와 차별, 정서적 불안정 등으로 인해 현지 적응의 어려움을 직면하게 된다. 유학생들은 현지사회에 안정적으로 정착하기 위해 출신국과 거주국의 문화적 차이를 인식하고, 적극적으로 현지 언어와 문화를 습득함으로써 점차 현지 거주국의 정치 · 경제 · 사회 · 문화에 참여하고 적응해야만 한다. 그러나 유학생들은 해외에서 졸업한 이후 현지에 남아 경제적으로 안정적인 삶을 영위하고 있을지라도 주류사회로의 진출은 용이하지 않다.

전 세계 100여 개 국에 진출한 중국 유학생들도 마찬가지이다. 그들은 언어, 문화, 차별 등으로 인해 현지적응의 어려움을 경험하고 있으며, 강한 주류사회 회귀 욕구를 표출하고 있다. 일반적으로 유학생의 해외 체류기간은 3~5년 정도이다. 유학기간 그들의 언어능력은 어느 정도 향상되었으나, 원주민과 비교했을 경우 여전히 미흡하다. 또한 현지 전통문화 및 풍습에 대한 이해 부족으로, 원주민과의 원활한 의사소통이 이루이지 않을 뿐만 아니라, 자신감 결여로 이어져 직장생활에도 영향을 미치는 경우가 있다.

해외에서의 이러한 적응 어려움과 달리, 귀국한 유학생들은 언어능력과 해외 경험, 첨단기술 확보로 인해 국내 대기업 및 다국적 기업이 선호하는 대상이다. 특히 해외 대기업에서 근무한 경력이 있거나 전문지식을 보유한 유학인재, 연구성과가 탁월한 우수인재는 중앙 및 지방정부로부터 다양한 지원과 혜택을 받을 수 있다.

이렇듯 중국의 경제성장과 유학인재에 대한 수요가 확대되고, 중국 정부의 다양한 귀국 장려 정책이 마련되자 현지적응 어려움으로 고충을 겪던 유학생들이 해외 취업의 기회를 포기하고 귀국의 길을 선택하게 된다.

III

한국화교의 다중정체성과 화교단체*

* 제3장은 김혜련 · 여병창(2012), “한국화교의 디아스포라적 다중정체성 고찰”, 『국제언어문학』 제25호, pp. 53-77; 전형권 · 김혜련(2012), “다문화시대 한국화교의 사회통합과 ‘인정의 정치’”, 『21세기정치학회보』 제22집 1호, pp. 333-357을 인용함.

캐슬과 밀러(Castles & Miller)와 같은 이주 이론가들은 현 시대를 '이주의 시대(the age of migration)'라고 규정한다. 이와 같은 인식은 오늘날 국경을 넘어 해외로 이주하는 인구가 급격히 증가하고 있음을 반영한다.[1] 이처럼 국제이주가 급증함에 따라 거주국과 모국 사이에 위치한 디아스포라(diaspora) 집단이 점차 주목받게 되었다.

한국 국내에서 화교라는 단어는 1883년 정관응(鄭觀應)이 이홍장(李鴻章)에게 보낸 문서에서 처음 등장한다. 이후 이 명칭이 점차 보편성을 획득하였고, 과거 다양한 이름으로 불리던 해외 거주 중국인을 화교라고 통칭하게 되었다.[2]

중국인의 한국 이민은 오랜 역사를 가지고 있는데, 일찍이 진한(秦漢) 시기 때부터 그 흔적을 찾아볼 수 있다. 하지만, 이른바 '화교'라는 집단적 자의식을 보존하면서 별개의 집단으로 존재하기 시작한 것은 19세기 말부터이다.[3]

현재 한국에 거주하고 있는 한국화교는 크게 두 집단으로 나눌 수 있다. 하나는 100여 년 전부터 한국으로 이주하여 지금까지 한국에 정착하고 있는 '중화민국(대만)' 여권의 '구화교'이고, 다른 하나는 한 · 중 수교 이후 새로운 이민물결을 따라 한국으로 이주한 중화인민공화국 국적의 '신화교'이다.

1978년 개혁개방이후 중국인의 해외 이민이 빠른 속도로 증가하기 시작하였다. 특히 1992년 한국정부가 대만과의 외교관계를 단절하고, 중국과 외교관계를 수립함에 따라 대륙 출신 중국인들의 한국으로의 진출

1 이선주(2006), "국제노동이주와 젠더: 배제와 제한된 포용", 『한국여성학』 제22권 제4호, p. 125.

2 최승현(2007), "화교의 애국심에 문제에 관한 역사적 고찰", 『중국학연구』 제23권 1호, p. 226.

3 崔承现(2007), 『韩国华侨史研究』, 香港社会科学出版社有限公司, pp. 3-17.

이 급격하게 증가하였고, 이를 계기로 이른바 신화교사회가 형성되었다. 2020년 10월 기준 한국에 체류하고 있는 중국인은 918,976명으로 전체 외국인 규모의 44.2%를 차지한다.[4] 중국의 개혁개방과 함께 이루어진 중국계 이주민의 급증은 한국화교사회에 새로운 변화를 가져올 수 있을 것으로 전망된다.

제3장에서는 한국사회 두 화교 집단 중 '구화교'를 주요 연구대상으로 선정하고, 한국에서 태어나고 자란 그들을 한국화교로 지칭하면서 그들의 디아스포라적 성격, 다중정체성, 화교협회를 비롯한 공동체를 세부적으로 검토하고자 한다. 그 이유는 '신화교'는 대부분 1978년 중국 개혁개방 이후 한국으로 이주한 중국 국적의 이민으로 상대적으로 확고한 정체성을 유지하고 있는 반면, 구화교는 한국사회에 백여 년에 걸쳐 정착해오는 과정에서 국제환경, 한국정부의 화교정책, 그리고 한국문화의 영향과 화교 자신의 교육 배경 등 다양한 요인들의 종합적인 작용으로 인해 신화교와 다른 비교적 복잡한 정체성을 형성하게 되었다고 보기 때문이다.

한성화교협회(汉城华侨协会)의 통계에 따르면, 2021년 현재 한국화교는 21,806명으로 집계되었다.[5] 현재 한국화교의 90%이상은 대만 여권을 소지하고 있으며, 그 중 중국 산동성 출신이 90%, 하북성 출신이 약 3%이며, 동북 지역 출신이 약 2%이다.[6] 냉전 대립이라는 시대적 환경 속에서 한국화교는 '중화민국' 여권을 취득하고 정부의 후원 속에 중화민국식 국민교육을 받아왔다. 그러나 1992년 한 · 중 수교 이후, 중국 경제의 신속한 발전과 함께 한 · 중 간 경제교역이 확대됨에 따라, 화교들은 자신들의

---

4 법무부 · 출입국외국인정책본부 『2020년 10월 통계월보』, https://www.immigration.go.kr/immigration/1569/subview.do(검색일: 2021.01.25.)

5 한성화교협회(汉城华侨协会): http://www.craskhc.com/htm/sub0303.htm(검색일: 2021.01.25.)

6 박현옥 · 박정동(2003), 『한국화교(인천화교)의 경제활동 및 사회적 지위에 관한 연구』, 『IDI연구보고서』, 인천발전연구원, p. 23.

고향인 중국 대륙에서 향수를 느끼고, 더 나은 삶의 기회들을 모색하기 시작하였다.

화교들은 100여 년에 걸쳐 한국에 정착해왔지만, 한국 사회에 동화되지 않고, 여전히 그들의 정체성을 유지하고 있다. 즉 한국화교는 그들이 정착한 거주국과 새로운 관계를 형성하고 있으면서도, 모국과의 관계를 지속함으로써 두 국가를 모두 포함하는 다중정체성을 형성하고 있는 것이다. 더욱이 한국화교는 모국인 중국과 '중화민국(대만)'의 대립으로 인해 한국-중국-'중화민국(대만)' 사이에서 더욱 다양한 정체성을 형성하게 되었다.

최근 화교의 존재에 대한 관심은 거대한 화교 자본과 중국의 급속한 성장, 한 · 중 교류의 폭발적인 증가에 따라 한국 내 화교의 사회적 역할도 점차 증가할 것이라는 기대에서 비롯되었다. 따라서 한국화교 관련 연구는 대부분 그들의 이주 역사와 정착에 초점을 두거나, 글로벌시대에 화교 디아스포라의 역할과 화교 네트워크의 활용 차원에서의 접근이었다고 할 수 있다. 하지만 한국화교의 주체적 입장에 기초하여 그들의 정체성 특히 한국과 중국의 경계에 존재하고 있는 디아스포라적 정체성을 규명하고자 하는 연구는 아직 미흡한 상황이다.

이에 제3장에서는 활용차원이 아닌, 한국화교의 주체적 정체성에 중점을 둔 디아스포라적 시각으로의 접근을 시도하고자 한다. 구체적으로 한국과 중국 사이에서 형성된 그들의 특수한 정체성을 분석하기 위하여 한국화교들의 법적 지위를 살펴보고, 한국과 중국의 화교 관련 정책 및 화교 사회공동체 현황을 분석함으로써 이러한 요소가 한국화교의 정체성에 어떻게 작용하고 있는지를 고찰해보고자 한다. 또한 화교사회를 형성하고 유지함에 있어서 핵심역할을 담당해온 다양한 화교협회의 실태를 세부적으로 검토함으로써 한국화교 공동체를 심층적으로 살펴보고자 한다.

제3장의 한국화교의 실태 및 정체성 고찰, 공동체 탐구는 주로 문헌조사와 심층면접에 의거할 것이다. 문헌조사는 기존에 축적된 국내외의 화

교 관련 연구논문, 연구 보고서, 각종 통계자료 등을 통해 한국화교의 정체성을 심층적으로 살펴보고자 한다. 이 외에도 화교 관련 사이트, 언론 보도, 정부 정책 자료 등을 이용하여 문헌조사의 한계를 보완할 것이다. 다른 한편, 한국화교의 실태 관련 내용은 2012년 인천 및 부산에서 진행한 현지조사를 중심으로 검토하였다.

1. 한국화교의 이주 역사

한성화교협회의 자료에 따르면, 한 · 중 양국은 역사적으로 긴밀한 관계를 형성해왔고, 청나라초기 양국은 국경지역에서 일년 1회 또는 2회의 물물교환 교역을 진행하였는데 당시 이를 "북도개시제도"라고 불렀다. 1882년, 조선대신 이용숙은 양국 민간인의 관계 증진을 위해 청나라에 "북도개시제도"를 폐지하고 새로운 통상조약을 맺을 것을 건의하였다. 1882년 8월, 청나라는 천진(天津) 해관에 저우푸(周馥), 마젠중(馬建忠)을 파견하여 조선의 전권대사 조녕하와 중국 천진(天津)에서 『중국조선민간상인 수륙무역조약 8조항』을 체결하였다. 이 조약을 체결한 후, 중국계 이주민의 한국 유입이 확대되었다. 이렇듯 화교의 한국 이주 역사는 이미 130여 년의 역사를 가지고 있다.[7]

관련 기록에 의하면, 초기에 한국으로 유입한 중국계 이주민은 중국의 오장경(吳長慶)장군을 따라 군수장사를 하는 상인들이었다. 그 중에서 대표적인 상인이 바로 공련덕(鞏連德)이었다. 공련덕은 당시의 60량의 은화로 서울에서 첫 번째의 화교잡화점포를 시작했고, 그 이후 1,200여 량

7 한성화교협회(汉城华侨协会): http://www.craskhc.com/htm/sub03.htm(검색일: 2021. 01.29.)

의 은화로 현재의 관수동일대에 13칸 반의 토지 및 건물을 사드렸다. 또한 1883년 9월부터 1884년 4월말까지 화교 이성신(李成信) 등 13명이 서울에서 24,000량 은화로 가옥 13칸, 토지 50여 칸을 사드렸다. 1885년 경 화교들의 서울 내 활동범위가 관수동, 수표동에서 남대문일대에 확장했고, 당시 서울의 상업중심지역인 종로시장에도 화교들의 점포가 많이 생겼다.[8]

초기 한국으로 이주한 화교의 대부분은 중국 산동성(山東省), 하북성(河北省), 강소성(江蘇省), 절강성(浙江省), 복건성(福建省), 광동성(廣東省) 출신이며, 그 중에서도 산동성 출신이 제일 많았다. 대다수 한국화교들의 고향인 중국 산동성(山东省)은 유달리 재난과 전란이 끊이지 않던 곳이었다. 이로 인해 역사적으로 산동사람들은 가뭄, 홍수, 내전 등으로 황폐해진 고향을 떠나 다른 지역으로 이주하는 경향이 높았다. 19세기 말 계속된 중국 동북지역의 정치적불안과 러일전쟁 등의 영향으로 촹까오리(闯高丽, 한국으로 이주)하게 된다.[9]

한국화교들은 연태(烟台)나 청도(青岛)에서 바닷길을 통해 인천으로 오거나 단동(丹东)에서 신의주로 혹은 산동에서 중국 동북 지역을 거쳐 조선으로 건너오는 땅길을 택하기도 했다. 결국 자연재해에 따른 경작지의 유실, 의화단 사건 등에 따른 화북지역의 혼란, 군벌정치의 폭정, 열강의 침략에 따른 약탈과 실업이 산동 사람들을 물설고 낯선 이곳 한반도로 거처를 옮기게 한 것이다. 당시 한반도로 유입한 화교들은 조선 땅에서 많은 돈을 벌어 가벼운 걸음으로 고향 땅을 밟는 금의환향을 꿈꾸었다. 하지만 화교 중 상당수는 결국 돌아가지 못했고 돌아가지 않았다. 고향으로 돌아

8 한성화교협회(汉城华侨协会): http://www.craskhc.com/htm/sub03.htm(검색일: 2021.01.29.)

9 인천화교협회(仁川华侨协会): http://skin-skin1--shop1.craik1887.cafe24.com/chi_history.html(검색일: 2021.01.29.)

갔다가도 대개는 다시 돌아와야 했다. 청일전쟁을 비롯한 잇따른 전쟁으로 인해 화교들은 결국 한반도로 돌아올 수밖에 없었고, 한국은 그들이 안정적으로 정착하는 공간과 장소가 되어버렸다.[10]

현재 한국화교들은 음식업(중화요리 포함), 한의사, 약사, 잡화, 여행사, 토산품점포, 수출포장대행 등 업종에 종사하면서 정착하고 있으며, 최근 외국인에 대한 한국정부의 정책적 제한이 완화되면서 더 다양한 업종에 진출하고 있다.

2. 디아스포라 정체성과 한국화교의 성격

1) 디아스포라, 그리고 디아스포라 정체성

디아스포라에 관한 정의는 고전적, 어원적, 현대적 정의에 따라 그 의미가 달라지는데, 우선 고전적 정의는 역사적으로 팔레스타인에서 추방된 유대인들이나, 그들이 흩어진 지역, 혹은 민족 이산 자체를 의미한다. 어원적 의미로 디아스포라는 '씨 뿌리다'라는 뜻의 그리스어 동사 'Speiro'와 '위'를 나타내는 전치사 'Dia'의 합성어이다. 이는 일국의 경계를 넘어 흩어진 민족이라는 뜻을 내포하고 있다. 현대적 의미의 디아스포라는 이민, 문화적 격차, 정체성 정치 등을 설명하기 위한 용어로 사용되며, 특히 국경을 넘어 거주하는 사람들의 초국적 이동에 초점을 맞추고 있다.[11]

필립 방콕(Philip Babcock)에 의하면 정체성이란 "변화의 상이성으로부터 구별되는 동일성이며, 다양한 실례들 속에 있는 본질적이거나 포괄적

---

10 인천화교협회(仁川华侨协会): http://skin-skin1--shop1.craik1887.cafe24.com/chi_history.html(검색일: 2021.01.29.)

11 임채완 · 전형권(2006), 『재외한인과 글로벌 네트워크』, 한울아카데미, pp. 25-27.

인 성격의 동일성이고, 인성과 단일성과 연속성"이다. 이러한 정체성이란 용어는 동일성, 연속성, 소속감, 일체감의 의미를 포괄할 수 있는 표현이다.[12]

일반적으로 디아스포라는 자신들이 정착한 국가와 새로운 관계를 형성하고 있지만, 그들이 태어난 모국과의 연결을 지속함으로써 두 국가 모두를 포함하는 '초국적 사회'에서 살게 된다. 이러한 탈 경계적인 공간에서 부딪치는 초국적 경험을 통해 그들은 현지 거주국에서의 적응과 모국과의 연계성을 동시에 고려하며 살고 있다. 어떤 면에서 이는 새로운 정체성을 생성하는 것이지만, 또 한편으로 이는 어느 한 곳에 정착하지 않는 유목적 정체성이라고 할 수 있다. 변이를 통해 끊임없이 유동화 되는 새로운 장을 형성한다는 점에서 디아스포라의 정체성은 고정된 정체성 혹은 동일성이 아니라 끊임없이 구성되는 것이다.[13] 이렇게 볼 때 한국 사회에 거주하고 있는 화인 디아스포라는 단순한 한국 또는 중국이 아닌 양자를 모두 포함하는 다중 정체성을 형성하고 있다고 볼 수 있다.

디아스포라 정체성은 국내외적 상황의 영향을 받는다. 첫째, 디아스포라 정체성은 국가의 정책과 관련이 있다. 그 중 이민과 시민권의 선택적인 접근에서 보면, 디아스포라가 사회적 분열을 초래하고, 그들의 거주국에 대한 동화가 쉽지 않은 점은 거주국에 대한 충성심을 의심하게 한다. 이는 거주국이 디아스포라를 수용하는 것에 대한 주저로 나타난다. 반면 디아스포라는 거주국의 값싼 노동력 공급자이며, 모국과 거주국 간 정치적 영향력의 수단이다. 특히 디아스포라와 모국과의 관계는 거주국의 외교정책에 크게 의존한다. 디아스포라 공동체는 모국과 연계되길 원하지만, 거주

12 임채완(1999), "중앙아시아 고려인의 언어적 정체성과 민족의식", 『국제정치론집』 제39집 2호, p. 317.

13 전형권(2006), "우즈베키스탄의 민족정책과 고려인 디아스포라 정체성: 고려인 설문조사 분석을 중심으로", 『슬라브학보』 제21권 제2호, p. 356.

국은 정치적인 이유로 이를 용인하지 않는다. 다른 한편, 거주국은 정치적 목적으로 디아스포라를 이용한다. 민족 혹은 종교의 소수자는 선거의 중요한 요소이기 때문에, 정치적 선출직의 후보자는 디아스포라의 모국 방문을 통한 정체성 형성과 거주국과 모국 간의 관계 유지를 지지한다. 이때 디아스포라 정체성은 모국이 디아스포라와 관계를 유지하고자 하는 의지에 영향을 받는다.[14] 한국화교는 한국과 중국 사이에 위치한 디아스포라이다. 따라서 거주국인 한국과 모국인 중국('중화민국')의 화교 정책은 그들의 정체성에 직접적인 영향을 미칠 것이다.

둘째, 디아스포라 정체성은 디아스포라 집단의 내부적인 상황과 관련된다. 디아스포라 집단을 유지하기 위해서는 많은 구성원이 존재해야 하며, 그들을 보존하기 위해서는 디아스포라 공동체 안에 모국의 문화를 계승하는 사람이 충분히 있어야 한다.[15] 디아스포라 집단 내부 상황, 예를 들면 민족 언어, 민족 문화를 발전시키고 계승하려는 노력은 그들의 정체성에도 영향을 미친다.

셋째, 디아스포라 정체성은 국제적 환경의 변화에 의해 영향을 받는다. 세계화시대 정치 · 경제적 시스템의 변화와 더불어 디아스포라의 정체성도 변화한다. 중국 대륙과 중화민국의 양안 관계, 즉 중국의 현실적 분단관계는 한국화교들을 복잡한 관계에 처하도록 하였다. 이러한 국제 환경은 한국화교의 정체성에도 반영된다.

2) 한국화교의 디아스포라적 성격

1990년대 들어 디아스포라 개념이 사회과학적으로 활용되는 데 중요

---

14 이소영(2010), "중앙아시아 코리안 디아스포라 민족정체성 비교 연구: 우즈베키스탄과 카자흐스탄을 중심으로", 전남대학교 석사학위논문, pp. 31-32.

15 이소영(2010), p. 32.

한 역할을 한 사프란(W.Safran)에 따르면 디아스포라 집단은 ① 그들 혹은 그들의 선조가 원거주지로부터 둘 또는 그 이상의 외국으로 이주, 분산되었고(이산성) ② 원래의 조국 땅에 대한 집합적 기억, 비전, 또는 신화를 가지며(집단적 기억) ③ 거주국 사회에서 완전히 수용되지 않거나 소외, 고립되었다고 믿으며(소외감) ④ 조상의 모국을 진정한 이상적인 고향, 궁극적으로 되돌아가야 할 땅으로 간주하며(귀환의식) ⑤ 집단적으로 모국의 안전과 번영을 위해 공헌해야 한다고 믿고(집단적 헌신) ⑥ 다양한 방식으로 조국과 관계를 유지하고 상호작용한다(모국과의 관계 유지). 사프란에 따르면, 일반적으로 디아스포라는 국외로 이주 또는 탈출한 소수민족 공동체로서 위에서 언급한 것들 중 몇 개의 성격을 공유한다.[16]

한국화교는 중국에서 한국으로 이주한 이민 집단이다. 따라서 그들은 사프란이 제시하고 있는 디아스포라적 특징을 가지고 있다. 구체적으로 살펴보면 아래와 같다.

첫째, 한국화교는 이산성을 띄고 있다. 화인 디아스포라는 중국에서 해외로 이주한 집단으로서 현재 세계 각국에 흩어져 있는 총 수는 4,543만 명에 달한다.[17] 한국화교는 바로 해외로 흩어져 나간 화인 디아스포라 중의 한 갈래이다. 한국화교는 대부분 산동 출신으로서 약 90%를 차지한다.[18] 그 외에 하북성 출신이 약 3%이고, 동북 지역 출신이 약 2%이다. 해

16 전형권(2007), “일본의 보수화와 재일한인의 국적문제 : 디아스포라 정체성의 동학”, 『한국동북아논총』 제43집, pp. 105-106.

17 중국국무원교무판공실(国务院侨务办公室): http://www.gqb.gov.cn//news/2011/1201/24945.shtml(검색일: 2021.01.09.)

18 한국 화교 사회 구성원 원적지역의 비율이 90%정도가 동일한 지역 즉 산동출신이라는 것은 해외 기타 화교 사회와 구별되는 큰 특징의 하나이다. 산동 출신이 압도적인 다수를 차지한 것은 한반도와 지리적으로 접근한 원인도 있겠지만, 한국 화교의 대규모 이민이 이루어진 20세기 상반기 산동이 처한 사회경제적 환경도 주요한 원인이다. 소농경제가 몰락의 위기에 처하자 계절이민을 통해 생존을 도모하기 위해, 산동의 몰락이민들은 육로로 만주지방이나 해로로 한국과 일본으로 이주하였다. 가족단위의 집단 이민 대신, 주로 가장이나 아들

외 화인의 주류를 형성하는 광동 출신은 1%에도 미치지 못하며, 그 외 호북, 산서, 절강, 사천 지역 출신이 극소수를 차지하고 있다.[19]

둘째, 한국화교는 조국 땅에 대한 집단적 기억을 가지고 있다. 한국화교는 대부분 한국에서 장기간 거주하고 있지만, 여전히 모국인 중국에 대한 집단적 기억을 가지고 있다. 그들은 화교학교를 설립하고, 화교협회를 운영하고 있으며 이를 통해 민족정체성을 유지하고 나아가 민족 문화를 계승해 나가고 있다.

셋째, 한국화교들은 거주국에 융합되지 못하고 소외감을 느끼고 있다. 화교들은 한국정부의 제한적인 외국인 정책과 사회적인 차별로 인해 한국사회에 완전히 동화되지 못하고, 상대적으로 소외되고 고립되어 있는 상태이다.

넷째, 한국화교들은 여전히 모국과의 연계를 유지하고 있다. 1992년 한 · 중 수교 이전에는 '중화민국(대만)'과, 한 · 중 수교 이후에는 중국 대륙과의 연계를 강화해왔다. 특히 한국화교들은 대만 여권을 소지하고 있으므로 1992년 이전에는 모국과 밀접한 연계를 유지하고 있었다. 그러나 1992년 이후, 특히 '중화민국'의 화교 지원 정책이 약화되면서 화교들은 점차 대륙에 눈길을 돌려 새로운 길을 모색하기도 하였다.

요컨대, 한국화교는 사프란이 정의하고 있는 디아스포라의 이산성, 집단적 기억, 소외감, 모국과의 관계 유지 등 특징을 가지고 있다. 따라서 한국화교는 디아스포라적 성격을 가지고 있다고 말할 수 있겠다. 한국화교를 디아스포라적 관점으로 접근하는 것은 단순히 그들의 이주 역사와 과정, 현지 적응 실태에만 제한하는 것이 아니라, 거주국 내에서의 소수자

을 중심으로 개별적으로 한시적인 이주를 선호했다. 따라서 초기부터 화교의 남성 인구가 차지하는 비율이 압도적이었을 뿐만 아니라, 한국인 여성과의 결혼이 자연스럽게 대량으로 이루어졌다. 양필승(2000), "한국 화교의 어제, 오늘 및 내일", 『국제인권법』 제3호, p. 3.

19 박현옥 · 박정동(2003), p. 23.

지위와 함께 모국과의 다양한 연관성과 형성된 다중적인 정체성을 분석하기 위해서이다.

3. 한국사회의 타자: 화교[20]

한국화교는 전 세계 화교 집단에서도 특수한 존재이다. 세계적으로 화교사회의 주류를 이루고 있는 동남아 화교 · 화인들이 거주국 사회에서 경제발전을 주도하고, 정치 및 사회적으로 적극적으로 동화되면서 주류사회의 구성원으로 성장한 반면,[21] 한국화교들은 거주국에서 동화되거나 핵심집단으로 부상하지 못하고 주변화 된 채 '타자'로 고립되어 왔다. 이 장에서는 화교들이 한국사회에서 구성원으로 자리매김하지 못하고 '이방인'으로 살아가는 원인과 실태를 정치적, 경제적, 사회적 지위와 교육의 차원에서 논하기로 하겠다.

1) 화교의 정치적 지위

화교들의 정치적 지위는 그들의 법적 지위와 직결되어 있다. 어떠한 국적과 체류자격을 소지하고 있는가는 직접적으로 그들의 정치적 권리를 결정한다. 여기서는 화교들의 법적 지위와 정치활동을 중심으로 살펴보도록 하겠다.

우선, 법적 지위는 화교들이 한국 사회에서 어떤 사회적 위치와 역할을 담당하고 있는지를 가늠하는 객관적 지표인 동시에, 또한 궁극적으로

20 "한국사회의 타자: 화교"는 전형권 · 김혜련(2012), "다문화시대 한국화교의 사회통합과 '인정의 정치'", 『21세기정치학회보』 제22집 1호 pp. 342-351를 인용함.

21 朱慧玲(1995), "韩国华侨社会的变迁与特点", 『华侨华人历史研究』 1996年第2期.

그들 자신이 누구인지 그 정체성의 기반을 이루는 핵심요소이기도 하다. 화교들의 법적 지위를 가늠하는 기준으로는 체류자격, 국적, 그리고 영주권 등이 있다.

첫째, 한국에서 태어나고 성장한 화교에게 있어서 체류자격은 매우 중요한 의미를 지니고 있다. 체류자격의 측면에서 볼 때, 현재 한국에 거주하고 있는 화교들은 '중화민국'(대만) 여권을 소지하고 있는 외국인이다. 따라서 한국에 입국하기 위해서는 반드시 한국의 출입국관리법의 관련 규정에 따라 입국심사를 받고 체류자격을 얻어야 하며, 또한 외국인으로 등록을 해야 한다.[22] 화교들은 부여된 체류자격에 관련한 체류활동만을 할 수 있으며, 그 외의 활동을 하기 위해서는 사전에 법무부장관의 허가를 받아야 한다. 따라서 정치활동은 금지되며, 체류기간 내에 체류자격에 국한된 활동만을 해야 한다.

현행 법무부의 체류관리기준에 따르면 체류기간 연장 등의 허가요건과 관련하여 체류자격별로 체류허가 내지 체류억제의 대상을 세분하고 있으나 화교들이 소지하고 있는 거주의 체류자격에 대해서는 이 같은 제한규정이 없다. 그럼에도 불구하고 근본적으로 체류의 자격과 기간의 문제는 화교들이 자신을 스스로 외국인으로서 한국에서 뿌리내릴 수 없는 '이방인'으로 간주하도록 한다. 비록 그들은 대만 여권을 가지고 있지만 이미 한국사회의 구성원이라고 해도 과언이 아니다. 그러나 한국에서 태어나고 성장한 화교들은 일단 해외로 나갔다가 한국으로 들어오려고 할 때 재입국 기한을 다만 며칠이라도 어기게 되면 바로 '장기체류자'의 신분을 박탈당하게 된다. 따라서 화교들은 자신을 스스로 외국인으로 취급하는 수밖에 없다.

---

22 체류자격과 관련해서 화교는 국내에 계속 거주하여 생활의 근거가 있는 자로서 임시 방문, 혹은 단기 체류가 목적인 다른 외국인들과 달리, 거주(F-2)자격을 가질 수 있고, 그 배우자 및 그의 출생자녀로서 미성년인 자도 역시 거주비자를 가질 수 있다. 거주비자의 체류기간은 5년이고, 특별한 사유 없는 한 5년씩 연장 가능하다(국적법 제25조).

둘째, 국적문제이다. 국적(nationality)은 개인이 어떤 나라의 국민이 되는 자격 또는 국민의 신분을 의미한다. 일반적으로 국적취득은 출생 등에 의한 선천적 취득과 귀화 등에 의한 후천적 취득으로 구분할 수 있다. 한국은 부모양계혈통주의에 기초한 속인주의를 원칙으로 하면서 일부 속지주의를 채택하고 있다. 따라서 한국인 부(모) 혹은 모(母)와 화교 사이에 출생한 자녀는 대한민국 국적을 취득할 수 있다.

셋째, 영주자격은 국민에 준하는 법적 지위가 보장되는 체류자격을 말한다. 영주자격(F-5)을 받으면 국내 취업활동의 자유가 보장되는 한편, 10년 이내 체류기간연장이 면제되는 등 일반 체류외국인보다 특별한 처우를 받게 된다. 또한 영주자격을 부여받고 3년이 경과한 후부터는 지방선거 참여 등 일부 참정권까지 행사할 수 있다. 1950년부터 1990년대까지 한국은 화교들의 귀화를 억제하는 정책을 취하였다가, 2002년 영주자격제도를 도입함에 따라, 화교들은 체류자격을 정기적으로 갱신해야 하는 불편함을 어느 정도 해소하였다. 또한 간이 귀화규정을 폭넓게 적용하고 있어 화교들에 대한 전향적인 조치를 취한 바 있다. 한국에서 영주자격 제도 도입을 통해 그동안 체류자격으로 인해 늘 불안감을 안고 살아야 했던 화교의 법적 지위는 어느 정도 개선되었다고 할 수 있다. 그러나 영주자격 취득자는 여전히 외국인에 불과하다. 그들은 정치 활동 참여가 제한되며, 한국 국민과 동등한 권리를 향유하는 것과는 아직 거리가 먼 것이 사실이다.

한국화교는 비록 한국에서 태어나고 성장해왔지만 대만여권을 가진 외국인이므로 그들의 정치활동은 제한되어 있다. 다만, 귀화를 하지 않은 화교 영주권자는 국민이 아닌 '주민'의 개념으로 인정되어 지방선거에 대한 투표권은 부여하고 있으며,[23] 귀화절차도 과거에 비해 간소화시킨 바

23 현재 한국 헌법에는 국내 장기거주 외국인(영주권자)에게는 지방선거 투표권(지방자치단체 및 의원)만을 부여하고 있지만 피선거권은 인정되지 않기 때문에 화교들은 시의원, 구의원이나 지방자치단체장이 될 수 없다.

있다. 2005년 6월, 한국에서 영주자격을 취득한 지 3년 이상인 자로서 19세 외국인들에게는 지방선거투표권을 부여하였다. 그럼에도 불구하고 여러모로 정치적 참여가 제한적인 여건 속에서 화교들의 정치적 성향은 소극적일 수밖에 없다. 실제 면접과정에서도 연구대상자들은 정치와 관련된 질문에 대해서는 꺼려하는 것으로 나타났다.

A씨: 저는 아버지가 중국 산동에서 한국으로 이주했는데요. 화교 2세입니다. 우리는 비록 한국에서 태어나고 생활했지만 국적으로 보면 여전히 외국인입니다. … 외국인인 만큼 정치를 언급한다는 것은 별 의미가 없는 것 같아요.

연구자 : 화교들이 정치에 관심이 없는 이유는 무엇인가요?

J씨: 사실, 우리라고 왜 생각이 없겠습니까? 나도 한 달이면 몇 번씩 대만이고 호주를 번갈아가며 사업을 하고 있지만, 그곳에서 만나는 한화(재이민간 在外韓华를 가리킴)들은 여기보다 훨씬 자유로운 편이여요. 그곳에서 친구들 만나면 정치이야기 많이 합니다. 한국정치 이야기도 많이 하고 대만 이야기도 조금은 합니다. 그런데 인천공항에 막상 도착하면 정치는 남의 나라 일처럼 느껴져요. 오직 돈버는 데만 전념해야지 하고 생각합니다.(웃음)

연구자 : 화교들에게 정치적인 권리를 보장하려면 어떻게 해야 한다고 보십니까?

G씨: 부산, 인천 등 화교들이 대규모로 거주하는 지역에서는 최소한 구의원 1석 또는 시의원 1석을 특별법을 통해 배정해주는 것이 어떨까 싶습니다. 한국이 진정한 자유주의 국가라면 우리를 위험한 외국인으로 보지 말고, 존엄한 권리를 가진 한 개인으로 볼 필요가 있어요. 비록 외국인이지만 한 개인의 권리보장을 위한 일종의 특별조치를 필요로 합니다. 현재로서는 물론 가당치도 않은 소리로 들리겠지만…

이상에서 나타나듯이, 제한된 정치적 권리로 인해 화교들이 한국사회에서 느끼는 차별의 수준은 2004년에 행해진 박경태의 양적연구 결과와

도 크게 다르지 않다.[24]

화교들은 비록 한국에서 태어나고 자랐지만 제한적인 법적 지위로 인해 한국사회에서 뿌리를 내릴 수 없는 이방인으로 살아갈 수밖에 없다. 또한 이러한 외국인 신분으로 인해 그들은 정치 활동에서 여러 가지 제한을 받고 있기 때문에 정부의 법제적 정비를 통해서 최소한 자유주의 국가의 기본 권리를 보장받고 싶어한다.

2) 화교의 경제적 지위

화교들의 경제활동에서 가장 심각한 문제는 외국인토지취득허가제 및 일정 규모 이상의 토지를 취득하지 못하게 하는 법적 제한이다. 한국에서 외국인토지법이 1961년 제정됨에 따라 외국인의 소유권은 모두 박탈당했다.[25] 1998년 외국인 토지법이 개정되면서 이러한 제한은 해제되었지만, 근 30년간 화교들은 일정 규모 이상의 토지를 취득하지 못하였다. 또한 화교의 취업 활동은 여전히 제한되고 있다. 경찰공무원, 군인, 외무공무원 등은 모두 대한민국 국적을 요구하고 있기 때문에 한국사회의 실질적인 구성원임에도 불구하고 화교들은 특정직 공무원에서 배제되고 있다. 다음 도표는 한국 화교에 대한 한국정부의 규제정책들을 열거한 것이다.

---

24 박경태의 연구에 따르면, 한국에서 화교들이 느끼는 교육적 차별의 수준은 초, 중, 고 교육에서 응답자의 46%가 심각하다고 대답했고 심각하지 않다는 대답은 24%에 불과했다. 대학입시에 느끼는 차별은 56%가 심각한 반면 18%만 심각함을 느끼는 것으로 나타났다. 주민으로서 권리측면에서 화교의 79%가 참정권의 차별을, 79%가 복지혜택에서 차별을 심각하다고 대답하였다. 한국정부정책의 차별성에 대해서는 50%가 한국정부의 차별이 심각하다고 대답했고 22%는 그렇지 않다고 반응한 바 있다(박경태(2004), pp. 286-293).

25 1970년 『외국인 토지취득 및 관리에 관한 법』의 제정은 화교에게 1가구에 1주택 1점포만 허용하였고, 주택 면적도 200평 이하, 점포도 50평 이하로 제한하였다. 또한 논밭이나 임야의 취득도 불가능하여, 농업에 종사하던 화교들은 큰 타격을 받게 되었다(임채완 · 박동훈(2006), p. 17).

표 3.1 한국 화교에 대한 주요 규제 정책

시기	내용	비고
1948년	외국인에 대한 출입규제 외국인에 대한 외환규제	화교의 신규 이주 금지 화교의 무역거래 비용 상승
1950년	창고봉쇄조치	현물을 대량 보관하던 화교무역업에 타격
1961년	외국인토지소유 금지	한국인의 명의로 등록, 소유권분쟁 야기
1962년	통화개혁	대량의 현금 보유 화교에 타격
1968년	주택용 200평, 상업용 50평 이내에서 외국인의 토지소유 허용	부동산 가치 상승에 따른 자산가치증식에서 소외
1970년대	짜장면값 동결, 인정과세 실시 중국 음식점 쌀밥 판매 금지	화교 경영 중국음식점의 수익성 악화
1950~90년대	귀화 억제 정책	외국인의 신분으로서 불편과 불이익을 감수
1950~90년대	화교학교를 임의 단체로 분류	화교의 취업과 진학에 불리
2000년대~현재	외국인 토지법이 개정됨에 따라 토지 소유 문제 해결. 화교에 대한 정책적 규제가 상당부분 완화.	그러나 여전히 경찰공무원 등 특정직 공무원에서 배제됨.

출처: 박현옥 · 박정동(2003), p.75 참조 및 재구성

〈표 3.1〉에서 보듯이, 한국 정부는 여러 가지 규제 정책을 실시하여 화교를 주류사회에서 배제시켜왔다. 이러한 차별적인 제도들은 화교들의 사회경제 활동과 일상생활에 영향을 미치고 있으며, 그들이 한국사회의 진정한 일원으로 뿌리내리는 데 장애 요인으로 작용하고 있다. 외국인을 대상으로 한 한국정부의 경제적 제한은 화교사회에 큰 파장을 일으켰으며, 나아가 화교사회가 점차 위축되어 주변화 된 촉진요인으로 작용하였다. 면접대상자와의 인터뷰에서도 이러한 경제 제한으로 인한 사회적 파장을 느낄 수가 있었다.

C씨: 한동안 화교들에 대한 규제가 심해져서 많은 사람들이 떠났어요. 열심히 일을 해도 땅이나 부동산을 많이 살 수 없으니까요. 그때 미국이나 대만으로 간 사

람들이 많죠. 내 친구들도 그곳에 많이 있어요.

D씨: 저는 몇 년 전에 귀화를 했어요. 주로 경제문제 때문에 한국 국적을 취득한 거죠. 식당을 운영하고 있는데, 사업이 커지면서 개인 재산이 많아져 부동산을 구매하다보니까 이런저런 문제가 생기더라고요. 대만 국적으로는 너무 불편해요. 제한이 많으니까. 그래서 귀화를 했죠 … 하지만 두 아들은 아직 대만국적이에요.

최근에 들어서 화교에 대한 지난 수십년간의 차별적인 법적 제도적 조치들이 상당부분 완화되고 개선된 것은 사실이다. 한국의 외환위기와 갑작스러운 지구화 질서의 편입에 따른 화교자본 유치가 이러한 제도 완화의 목적이었다. 하지만 기본적으로 한국의 법 제도적 상황은 결혼이주여성들에 비해 여전히 화교를 외국인으로 보는 입장에서 출발하고 있다.

무엇보다 D씨의 사례가 암시하듯이, 한국으로 귀화를 결정한 화교들의 심리적 배경에는 한국사회에서 외국인이 겪는 경제적 문제 해결이라는 의도가 내재해 있다. 따라서 향후 화교들이 불편과 제약을 넘기 위해 한국인을 선택하는 전략적 동기보다는 한국이라는 국가에 대한 소속의식이나 통합적 가치가 그 이유로 작동하도록 보다 보편타당한 가치체계에 기반한 법제를 마련할 필요가 있다.

3) 화교의 사회적 지위

화교에 대한 차별은 정부 정책 차원에서 그치지 않았다. 화교들은 일상생활에서도 한국인의 편견과 차별을 받아왔다. 과거 군사적, 경제적인 힘을 앞세워 한국 경제를 잠식했던 화교들에 대한 반감은 상황이 역전되면서 공격적으로 표출된 것이다.[26] 한 때 '차이나타운이 없는 유일한 나

26 장수현(2002), "한화, 그 배제의 역사", 『당대비평 19』, pp. 234-258.

라'[27]로 불릴 정도로, 한국사회에서 화교는 공적인 영역은 물론 사회 문화적으로 소외된 고립된 게토(ghetto)를 형성하여왔다.

면접대상자 모두는 실제 생활 속에서 한국 사회로부터의 이러한 사회적 차별을 느낀 적이 있다고 밝혔다.

연구자: 생활 속에서 차별 시선을 느낀 적은 있나요?

D씨: 어렸을 때부터 놀림을 많이 받았어요. "땟놈", "때국놈"이라고요. 많이 싸우기도 했죠. … 가끔 경찰서에도 끌려가고 … 우리는 그나마 한국어를 하니까 싸우기나 하죠, 저희 아버지들은 말도 안 통하고 해서 더 많이 차별 받았을걸요. 문제는 그런 차별이 아직 있다는 거예요. 저 두 아들도 화교학교에서 졸업했는데 많이 놀림 받고 그런답니다.

연구자: 화교들은 자기만의 집거지를 형성하면서 거주하고 있는데요. 그 응집력이 남다르다고 생각됩니다. 그 원인은 무엇일까요?

F씨: 여러 가지 원인이 있겠지만, 차별 경험이 아닐까 생각해요. 1세대부터 차별을 받아왔으니 뭉쳐 사는 수밖에 없지요. 혼자로서는 힘드니까 모여 살면서 서로 돕고 하는 수밖에 …

연구자: 한 때 한국을 차이나타운이 없는 유일한 나라라고 생각하는 사람들이 많았습니다. 그 원인은 무엇일까요?

G씨: 나는 서울에 자주 다니는데 한 때 서울에 차이나타운을 건설하려 했는데, 주민들이 반대해서 그만두었다고 하더라고요. 그런데, 주민들이 반대한 이유가 기막힙니다. 그들은 인천을 예를 들면서, 우리 차이나타운을 마치 뉴욕의 슬럼가 보듯이 했다는 소식을 들었어요. 솔직히 그런 소리 들으면 평소에는 느끼지 않았던 한국과의 거리감이 생깁니다.

H씨: 인천시나 서울시나 마찬가지로 차이나타운을 건설하는 목적이 너무 속보입

27 '차이나타운' 논의와 관련하여, 화교의 상권이 커지는 것을 경계하였던 한국의 배타적 대응으로 인해 한국에는 화교들의 활발한 경제상권이 형성되지 않았다고 보는 견해가 지배적이다. 양필승 외(2004).

니다. 사실 차이나타운은 화교들이 함께 거주하여 상권을 형성하면서 자연스럽게 형성되는 게 보통인데, 한국에서는 우리 화교들의 의견도 묻지 않고 그저 외국인 관광객 위치를 위해 특화거리 조성에 중점을 두고 있습니다. 그러다 보니 가끔씩은 우리가 무슨 '볼거리'라도 되는 것처럼 이상하게 생각될 때가 있습니다.

대만의 교무위원회에 따르면, 현재 한국 내 화교들의 사회활동을 위한 협회는 서울의 한성화교협회를 비롯해 52개 지역에 화교협회(华僑協会)과 결성되어 있다.[28] 그리고 상호간의 정보교환 매체로서 '한중일보사'를 비롯한 3개의 언론사가 있으며, 한국중화총상회(韓國中华總商会)를 허브(hub)로 한 각종 온라인 네트워크도 구축되어 있다. 2005년 제8차 세계화상대회를 서울에서 개최한 것도 한국 내 열악한 위치에 있던 화교들에 대한 세계적 관심을 환기시키려는 노력에서 나온 것으로 해석된다. 이처럼 화교들의 결속력이 강한 것은 국가의 보호를 받지 못하고 외지에서 살아가야 했던 특별한 역사적 조건에서 나온 현상일 수 있다.[29]

아직까지도 화교들은 현지 사회에 완전히 동화한 것도 아니고 그렇다고 이방인도 아닌 매우 특이한 상태에 있다. 이들은 사회적 통합이나 문화적 동화의 대상으로 간주하기 보다는 고립의 대상으로 여겨진 채 방치되어 있다. 1940년대 8만 명에서 1960년대 4만여 명을 헤아리던 한국화교 수는 한국 정부의 각종 차별 정책으로 인해 점차 미국, 대만, 캐나다 등지로 재이주함으로써 1970년대 절반으로 줄어들게 된다. 특히 1970년대 박정희 정권의 "외국인 토지 취득 및 관리에 관한 법"과 같이 토지 소유를 제한하는 법의 시행 및 화교학교 학력 불인정 등으로 인한 교육 문제는 보다 많은 한국화교들로 하여금 선진국으로의 이민행렬에 동참하게 만들었다.

28 中华民國僑務委員会, 2012: http://www.ocac.gov.tw/(검색일: 2012.03.11.)

29 주경철(2011), "화교 네트워크 확산은 '中본국 무관심' 때문", 『한국경제』, 2011.05.27.

이러한 과정을 통해 화교사회는 '재외한화(在外韓华)'라는 명칭[30]의 다소 중층적인 초국가 디아스포라를 양산하게 된다. 해외에 거주하고 있는 한국화교는 현재 미국에 1만 5천여명, 대만에 1만명, 일본에 6천명 정도가 거주하는 것으로 알려져 있다. 이들은 어찌되었든 '한국'을 매개로 새로운 이민지인 미국이나 대만 등지에서 서로 유대관계가 돈독하며 한국문화에 대한 향수도 강해 본적지인 산동성 다음으로 한국을 제2의 고향으로 여기는 경향이 강하다. 한국에서는 여전히 '타자화'를 경험하면서도 모국인 대만에서 오히려 한국인에 가까운 것으로 인식되는 등, 두 국가 사이에 '걸쳐 사는' 초국가 경계인인 셈이다.

화교들은 1세대부터 차별을 받아왔지만, 그러한 차가운 시선은 현재 3, 4세대까지도 지속되고 있다. 차별 경험은 화교들의 개인적 기억으로만 남는 것이 아니라, 화교 집단에서 끊임없이 유포되면서 집단의 기억이 된다는 데 문제가 있다. 화교 1, 2세들이 지닌 한국사회의 배타성에 따른 피해와 그의 저항의식은 그 자녀들에게도 전달되기에 후속 세대들 역시 한국에 부정적인 이미지를 형성하고 융합되는 것을 거부한다. 이로 인한 약소자 혹은 피해자로서의 심리적 태도는 한국 사회에 대해 능동적으로 참여하고 적응하는 것을 어렵게 만드는데 이것이 바로 현지적응 과정의 장애요인이다.

최근 들어 소수자 계층에 대한 사회적 관심도가 높아지고 정부의 외국인 규제정책이 점차 완화되면서 화교사회에 대한 차별적 정책은 과거에 비해 점차 약화되는 경향이 나타나고 있는 것이 사실이다. 그러나 전반적으로 볼 때 화교 집단은 여전히 보이지 않은 사회적인 배제와 차별로 인해 한국사회의 진정한 구성원으로 융합되기 어려운 장벽에 직면하고 있다.

30 韓國中华總商会: http://www.kccci.or.kr/(검색일: 2012. 02. 12.)

4) 화교의 교육적 지위

화교학교는 화교들의 민족 언어와 민족 문화를 계승하는데 극히 중요한 작용을 하고 있다. 화교학교는 대만계 중국인이 설립한 것이며 대만의 학제와 교육과정을 모델로 하고 있다. 한성화교소학교, 인천화교소학교와 같은 학교의 역사는 80에서 100년 이상이 된다. 박정희 정권 이후 모든 외국인학교를 외국인 단체로 등록하도록 하였기 때문에 외국인학교는 한국 국적자를 받을 수 없고, 받게 된다면 등록을 취소하게 되어 있었다. 당연히 학력도 인정되지 않았다.

1950년부터 1990년대까지 한국정부는 화교학교를 임의단체로 분류하였는데, 이는 화교의 취업과 진학에 불리하게 작용하였을 뿐만 아니라, 교육을 통한 화교들의 한국사회 진출기회를 차단함으로써 그들을 주변화시키는 데 큰 영향을 미쳤다. 그러다가 1990년대 말 한국의 외환위기 이후 한국 정부는 외국에 대한 교육을 개방하면서 모든 외국인학교는 '각종학교'로 등록을 하도록 하였다. 그러나 화교도 이제 한국 법상 '학교'이므로 학력을 인정받기 위해서는 각종 교육법상의 학력인정기준에 부합되어야 하는데, 아직까지 화교학교를 비롯한 외국인학교가 한국법의 기준에 따라 공식적으로 학력을 인정받은 곳은 한 곳도 없는 상황이다. 화교학교는 현재 대만학제에 따라 교과과정을 편성하고, 주당 3시간 정도 한국어교육을 실시하고 있다. 실질적으로 외국인 학교가 한국법이 정하는 교원, 교사, 체육장, 수익용 재산, 교과목 등 각종 학력인정기준을 충족하기란 매우 어렵다. 대학입학에 있어서도 화교학생들은 차별을 받고 있다. 외국인학교는 한국 고등학교와 교육체계가 상이하여 동등하게 한국대학에 응시하는 것은 거의 불가능하다.[31] 실체적으로는 한국에서 태어난 외국인이지

31 『재외국민 및 외국인 특별전형 모집요강』의 규정에 따라 외국인 학생에 대해 특별전형을 실

만 대학입시 전형과정에서는 한국계라는 이유로 '특별전형'이 불가능하게 되는 모순이 발생하는 것이다.

이와 같이 외국인에 대한 교육제한, 재정난, 화교 학생 수의 감소 등으로 인해 많은 화교학교들이 감소하고 있는 상황이다. 그러나 화교학교는 여전히 화교문화를 계승하고 정체성을 고양시키는 중요한 역할을 하기 때문에 화교들의 관심사이다.

연구자: 화교학교의 상황이 많이 어렵다고 들었습니다. 이러한 상황에서 화교 부모들이 자식을 화교학교에 보내는 이유가 무엇입니까?

E씨: 민족이라는 정체성 때문이겠죠. 우리는 화교니까 적어도 중국어는 알아듣고, 중국글을 알아봐야 하니까요. 그리고 요즘에는 이중언어가 대세이지 않나요? 한국어와 중국어를 능숙하게 장악하면 경쟁력이 있으니까요.

I씨 : 나도 화교학교에서 아이들을 가르치고 있는데 우리 아이들은 이미 한국사람 다 됐습니다. 소녀시대 좋아하고 빅뱅 좋아하고 다 좋아합니다. 오히려 할아버지 고향인 대만에 데리고 가면 낯설어하고 일찍 집에 오고싶어 합니다. 그런걸 보면서 화교학교에서는 단순히 중국말만 가르칠 것이 아니라 양쪽의 문화를 모두 이해하고 능숙하게 활용하도록 하고 싶습니다.

연구자: 한국의 이러한 교육 제한에 대하여 화교들은 어떻게 대응하고 있는가요?

B씨: 한국 주류사회에 진출하고자 하는 사람은 여전히 한국 대학교로 입학을 하죠. 외국인 전형방식으로요. 또 일부는 대만이나 중국 대륙쪽으로 가는 학생들도 있어요. 제가 바로 대만에서 대학교를 졸업했거든요.

이상에서 나타나듯이, 한국화교의 교육환경은 상대적으로 제한적이라고 할 수 있다. 바로 이러한 제한적이고 폐쇄적인 교육환경은 역설적으

시하는데 이 모집요강에는 외국인 학생일 경우 '부모 모두가 외국인이어야 한다'는 규정이 있다. 하지만 화교는 실제적으로 한국인 여성과 결혼한 가정이 많기에 이러한 유형의 화교 자녀들은 외국인 범주에 들어갈 수 없다. 이재광(2004), pp. 582-586.

로 소수민족으로서 화교의 정체성을 고양시켰으며 그들을 결속시키는 기제가 되었다. 이는 또한 화교들이 한국사회로의 통합이 아닌 주변화 된 요인이기도 하였다. 화교들의 진정에 따라 한국의 국가인권위원회는 "한국 내 화교학교 학력을 인정하지 않는 것은 화교가 자기 언어로 교육받을 권리 및 행복추구권을 침해하는 것"이라며 출신 국가를 이유로 한 차별행위는 중단돼야 한다고 한국 교육부 장관에게 시정을 권고한 바 있다.[32] 향후 다문화 통합사회를 위해서는 국민공통교육과정의 근간을 훼손하지 않은 범위에서 화교학교의 학력인정을 위한 국민적 합의 도출이 필요하다.

4. 한국화교의 다중정체성

제3절에서는 한국화교의 정치적 · 경제적 · 사회적 · 교육적 지위를 검토함으로써 한국사회에 정착하고 있는 화교들의 실태를 세부적으로 살펴보았다. 제4절에서는 백여 년의 이주역사에도 불구하고 여전히 한국사회의 타자로 살아가고 있는 한국화교들의 정체성을 검토하고자 한다.

한국화교의 다중정체성을 고찰하기 위하여 우선 거주국인 한국에서 화교들이 어떠한 법적지위에 처해 있는가를 살펴보고, 다음은 모국과 거주국에서는 각기 어떠한 관련 외국인 정책을 실시하고 있는가를 검토한다. 또한 한국화교의 특수성 즉 한국화교들은 기타 해외 화교와 달리 '중화민국' 여권을 소지한 산동 출신이라는 점을 감안하여 모국의 정책을 중화인민공화국과 중화민국으로 나누어 살펴본다. 마지막으로 한국화교 사회 공동체의 내부 상황을 분석함으로써 그들이 정체성을 유지하기 위해 어떠한 활동을 전개하고 있는지를 살펴볼 것이다.

32 "인권위, 학력인정안 마련 권고," 연합뉴스, 2006.09.13.

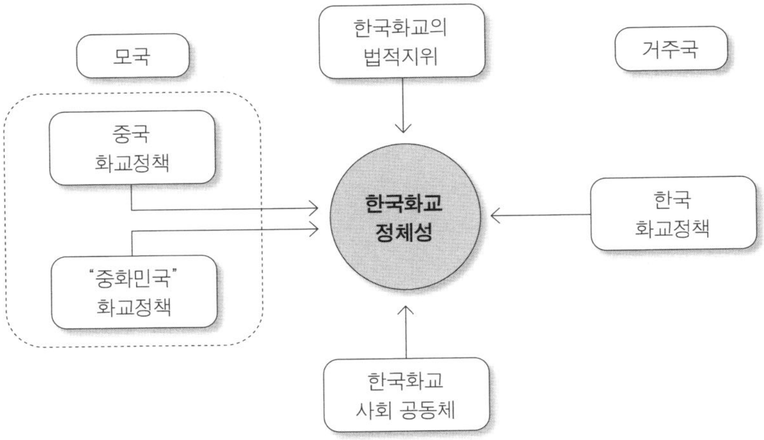

그림 3.1 한국화교의 다중정체성 분석틀

1) 한국화교의 법적 지위

현재 한국에 거주하고 있는 화교들은 '중화민국(대만)' 여권을 소지하고 있는 외국인이다. 따라서 한국에 입국하기 위해서는 반드시 출입국관리법에 따라 체류자격을 부여받아야 하며, 또한 외국인으로 등록을 해야 한다. 체류자격과 관련해서, 화교는 국내에 계속 거주하여 생활의 근거가 있는 자로서 임시 방문, 혹은 단기 체류가 목적인 다른 외국인들과 달리, 거주(F-2)자격을 가질 수 있고, 그 배우자 및 그의 출생자녀로서 미성년인 자도 역시 거주비자를 받을 수 있다. 거주비자의 체류기간은 5년이고, 특별한 사유가 없는 한 5년마다 한 번씩 연장이 가능하다.[33]

화교들은 부여된 체류자격에 관련한 체류활동만을 할 수 있으며, 그 외의 활동을 하기 위해서는 사전에 법무부장관의 허가를 받아야 한다. 따

---

33 국적법 제25조, 국회법률정보시스템: http://likms.assembly.go.kr/law/jsp/Law.jsp?WORK_TYPE=LAW_BON&LAW_ID=A129 5&PROM_NO=10275&PROM_DT=20100504&HanChk=Y(검색일: 2011. 04. 20.)

라서 정치활동은 금지되며, 체류기간 내에 체류자격에 국한된 활동만을 해야 한다. 외국인이 국내에 허가받은 체류기간 내에 출국하였다가 재입국하고자 하는 경우 1회에 한하여 재입국할 수 있는 단수재입국허가와 2회 이상 재입국할 수 있는 복수재입국허가가 있다. 단수재입국허가의 경우에는 최장 1년, 복수재입국허가는 최장 2년 내에 재입국해야 한다. 단 화교 등 거주비자 체류자격 소지자가 유학 또는 취업을 목적으로 출국할 시에는 단수인 경우에도 2년까지 재입국 기간을 연장할 수 있다.[34]

출입국관리법에 근거하면 화교를 비롯해 5년 이상 한국 국내에 장기 거주한 외국인은 영주자격을 취득할 수 있다. 영주자격 취득자는 부동산 및 금융 거래와 국민건강보험제도와 국민연금제도, 각 급 학교 취학에서 한국 국민과 동등한 권리를 갖게 된다. 또한 내란이나 외환의 죄를 범하지 않는 한 강제퇴거의 대상이 되지 않고, 출입국에 있어서도 한국 국민과 동등한 대우를 받도록 되어 있다.[35]

한국에서의 화교의 법적지위는 불안정하다. 그들은 한국에서 태어나고 한국사회에서 생활하고 있지만 여전히 거주비자나 영주자격을 소지하고 있는 외국인에 불과하다. 이러한 불안정한 법적 지위는 화교들로 하여금 한국사회에 완전히 동화되지 못하고 이방인으로 살아가도록 한다. 따라서 스스로를 외국인으로 간주하는 화교들은 불안정한 법적 지위 속에서 다중정체성을 가질 수밖에 없었던 것이다.

34 이윤희(2004), "동북아 시대 인천 거주 화교의 인권 실태 및 정체성", 『담론 201』 제6권 제2호, pp. 8-13.

35 이윤희(2004), pp. 12-13.

2) 화교 관련 정책

오랜 이주 역사를 가지고 있는 화교집단은 모국과 거주국 사이에 끼어 있는 존재로서 양쪽 모두의 영향을 받고 있다. 특히 한국의 국내적 요인과 중국-'중화민국'의 분단 상황은 한국화교 사회로 하여금 정체성 혼란을 겪게 하였다. 본 절에서는 한국 · 중국 · '중화민국'의 관련 정책이 화교의 정체성에 영향을 주는 요인이라고 보고, 이러한 요인으로 인해 한국화교가 어떠한 디아스포라 정체성을 형성하고 있는가를 살펴보고자 한다.

(1) 한국의 외국인 정책

화교와 관련된 기존 한국정부의 정책은 한마디로 '배타성'으로 요약할 수 있다. 1948년 대한민국 정부가 수립되면서 외국인들에게 실시한 여러 가지 배타적인 규제정책으로 인해 화교사회는 점차 위축되어 미국으로 재이민 가거나 대만으로 돌아가는 경우가 많았다. 외국인의 외화 사용이 제한되고, 외국인 무역회사의 독자적 경영이 금지되었으며, 모든 신문 간행물도 한국인 명의로만 출간이 가능하게 되었다.

한편, 경제활동에서 가장 심각한 문제는 외국인 토지 취득 허가제 및 일정 규모 이상의 토지를 취득하지 못하게 하는 법적 제한이었다. 1961년 외국인 토지법 제정 초기에는 외국인의 토지 소유권을 근본적으로 박탈하였다가, 1970년 〈외국인 토지 취득 및 관리에 관한 법〉의 제정을 통해 1가구 1주택 1점포만 허용하였고, 주택 면적도 200평 이하, 점포도 50평 이하로 제한되었다. 또한 논밭이나 임야의 취득도 불가능하여, 농업에 종사하던 화교들은 큰 타격을 받을 수밖에 없었다.[36] 도시에 있는 중국 음식점들도 도시계획에 의해 손해를 보는 경우가 허다했다. 중국음식점에 대한

---

36 임채완 · 박동훈(2006), "한국화교의 역할과 발전방향", 『한국동북아논총』 제41호. p. 17.

쌀밥 판매금지 등과 같은 특정 시기의 불합리한 조치들로 인해 화교들은 자신들이 한국사회에서 소외되고 차별 받고 있다는 느낌을 가질 수밖에 없었다.

최근 들어 외국인에 대한 지난 몇 십 년 동안의 법적 제도적 제한 조치들이 상당부분 완화되고 개선되는 추세이다. 특히 한 · 중 수교 이후 중국인에 대한 배제의식이 완화되고, IMF 외환위기 이후 화교자본을 유치하기 위해 한국 정부는 점차 기존의 규제와 배타적인 조치들을 개선하게 되었다.

1990년대 후반 금융위기를 겪은 후, 한국 정부는 외국인 투자 유치에 적극성을 보이면서 외국인의 부동산투자를 허용하였다. 이에 따라 50평 이상의 상점, 200평 이상의 토지도 신고만으로 소유할 수 있게 되었다. 또한 1997년에는 국적법을 개정하여 양계혈통주의를 채택함으로써 출생 당시 부 또는 모가 대한민국 국민인 자는 출생과 동시에 자동으로 대한민국 국적을 취득하는 것으로 규정하였다. 2002년에는 영주자격 제도를 도입하였고, 2005년 영주자격을 소유한 지방선거권이 부여됨으로써 외국인에 대한 법적규제가 대폭 완화되었다.[37]

외국인에 대한 법적 규제는 어느 정도 완화되었지만 한국의 법, 제도적 상황은 여전히 화교를 외국인으로 보는 입장에서 출발하고 있다. 이러한 차별적인 제도들은 화교들의 사회경제 활동과 일상생활에 영향을 미치고 있으며, 그들이 한국사회의 진정한 일원으로 뿌리내리는 데 장애요인으로 작용하고 있다. 또한 화교의 법적 지위에서도 볼 수 있다시피 한국정부는 까다로운 귀화정책으로 화교들이 외국인 신분을 벗어나기 어렵게 만들었다. 특히 화교가 일반 귀화를 할 때 3,000만 원 이상의 자산 보유와 국회의원이나 법조인 등 사회저명인사 2인 이상의 추천을 받을 것을 규정

37 인닝(2008), pp. 34-35.

하고 있어 사실상 귀화가 쉽지 않은 상황이다.

요컨대, 화교들은 거주국 한국에서 새로운 관계를 형성하고 있지만, 한국 정부의 차별 정책으로 인해 한국사회의 구성원으로 거듭나지 못하고 있는 상황이다. 따라서 그들은 한국에서 생활하면서도 중국과의 연계를 지속함으로써, 거주국과 모국을 모두 포함하는 다중정체성을 형성하고 있다.

(2) 중국의 화교 정책

남 · 북한이 분단되고 냉전체제가 구축되면서 대한민국은 중화민국과, 북한은 중화인민공화국과 각각 외교 관계를 수립하게 되었다. 따라서 대부분이 중국 산동 출신이었던 한국의 화교들은 '중화민국'의 여권을 취득하게 되었다. 그 후 수십 년 동안 중화민국 여권으로 살아온 화교들에게 있어서 1992년 한중 수교와 '중화민국' 단교는 큰 충격이었다. 하지만 중국에 대한 부정적인 인식들은 중국이 경제적으로 급속히 성장하고 한국사회에서 중국의 이미지가 향상되면서 자연스럽게 사라지게 되었다. 특히 '중화민국'의 대사관 철수 이후, '중화민국' 정부의 교민지원이 약화되고 있는 것에 비해 중국은 외교적으로 한국 정부에 대한 영향력을 강화하면서 화교 사회에도 깊은 관심을 보이고 있다.[38]

중국 화교 정책의 기본 방침은 화교의 정당한 권익을 보장하고, 조국을 사랑하며 고향을 사랑하는 전통을 발양하여 화교사회의 단결을 강조하는 것이다. 화교들로 하여금 거주국 법률을 준수하고, 거주 지역 전통과 문화를 존중하도록 교육하며, 자발적인 희망의 원칙에 따라 거주국 국적에 가입하는 것을 격려하고, 원주민들과 우호적 관계를 유지하고 거주국 경제발전을 도모하여 조국과 거주국의 협력과 교류의 교량 역할을 하도록

38 김기호(2005), "초국가 시대의 이주민 정체성: 한국화교의 사례 연구", 서울대학교 인류학과 석사학위논문, pp. 43-48.

한다. 또한 중국 화교 정책의 가치적 성향을 볼 때 중국 정부는 해외거주국에서 장기적으로 뿌리를 내려 생활하고 있는 사람들은 하루 빨리 거주국 국적을 취득하고, 거주국의 문화를 익혀, 현지의 떳떳한 국민으로서 자리매김 해야 한다고 강조한다. 또 이를 바탕으로 중국인 고유의 중화의식을 발양시켜 중국계 상호간의 민족적 유대를 공고히 함으로써 궁극적으로 거주국과 모국 간의 관계발전을 위해서 유익한 역할을 할 수 있는 것으로 보고, 이러한 맥락에서 화교정책을 지속시켜왔다. 즉 중국의 화교정책은 결과적으로 현지화와 중화의식의 계승이라는 두 가지의 기본적인 방향을 견지하고 있다.[39]

이상에서 살펴본 것처럼 중국 정부는 화교의 현지화를 적극 권장하고 있다. 따라서 한국에 있는 화교들이 한국의 국적을 취득하고 한국의 문화를 익혀, 한국 국민으로 성장하는 것을 지지하고 있다고 볼 수 있다. 중국 정부는 중국 국적을 소지한 화교들에 대해서는 다양한 지원정책을 펼치고 있지만, '중화민국' 국적을 소지한 한국의 이른바 구화교에 대해서는 포용하려고 노력하고 있을 뿐, 구체적인 지원정책은 실시하지 않고 있다.

비록 중국 정부가 한국화교들에 대한 지원정책을 시행하고 있지 않지만, 중국의 급속한 경제발전은 점차 화교들로 하여금 중국으로 눈을 돌리게 하였다. 1992년 한 · 중 수교 이후, 한국화교는 점차 개혁개방으로 급성장하고 있는 중국대륙을 주목하기 시작하였다. 중국의 거대한 내수시장과 신속한 경제발전, 국제사회에서의 영향력 향상은 중국에 대한 관심을 불러일으켰다. 또한 중국대륙 산동 출신이라는 향수는 중국에 대한 친근감을 강화하는 중요한 요인이 되었다. 개혁개방이후 화교들은 산동에 남아있는 친인척을 방문하고, 화교 1세대들이 거주했던 고향으로 자주 드나들게 되면서 향수를 느꼈다. 화교들의 고향인 웨이하이(威海), 옌타이(烟台),

---

39 이형석(2005), "중국정부의 화교정책에 관한 연구", 전남대학교 석사학위논문, pp. 31-33.

칭다오(青岛) 등은 한 · 중 경제 교류로 인해 급속히 성장하기 시작하였으며, 화교들에게 새로운 경제적 기회에 대한 희망을 심어주었다. 출입국관리소의 기록에 따르면, 인천항을 통해 중국으로 출국한 화교들이 1990년에는 400명에 불과했지만, 1996년에는 35,000여 명에 달했다. 중국과의 왕래가 가능해지면서 화교들은 거대한 중국 시장에서 기회를 찾았다.[40]

요컨대, 1992년 한 · 중 수교, 중국의 경제발전, 고향 산동에 대한 향수 등은 한국화교와 중국과의 연대감을 향상시키는 요소가 되었다. 또한 2000년 '중화민국' 정권 교체이후, 화교들에 대한 지원이 축소됨에 따라 한국화교 사회는 또 하나의 모국인 중국에 대한 관심을 높이기 시작하였다.

(3) 대만의 화교 정책

대만의 화교 정책은 중국이 해외 화교들에 대한 정책을 확립하고 그들의 자본을 끌어들여 통일전선을 구축하기 시작하자, 이를 저지하고 화교들과의 경제협력을 강화하기 위해 비롯되었다. 대만은 '화교증조복무실(华僑證照服務室)'을 설치하여 화교들의 귀국 · 관광 · 시찰 · 방문 등 출입국 절차를 간소화하였고, '화교 투자 장려 조례'를 개정하여 화교 자본의 유치와 함께 화교기업인 초청, 화교직업인에 대한 직업교육 등을 강화하고 있다. 한편 해외화교에 대한 교육사업 지원을 위하여 해외 화교학교에 대한 지원과 중국어 교육에 대한 지도, 교재 편찬 및 보급에 힘쓰고 있으며 현지에서의 어문(語文) · 요리 · 서예 · 회화 · 민속무용 등의 학습반 개설과 중화민국으로의 유학을 권장하여 고유문화 보급에 힘쓰고 있다.[41]

남 · 북한 분단 이후 한국화교들은 대만의 여권을 취득하게 되었으며,

---

40 김기호(2005), pp. 45-48.

41 조정원(2009), "중국의 화교정책에 대한 연구 : 대만의 화교정책과의 비교를 중심으로", 『민족연구』 제37집, pp. 148-149.

그 이후 한국에서 태어난 화교들 역시 한국의 배타적인 국적법으로 인해 대만 여권을 유지해 오고 있었다. 한국사회라는 차별적 생존 조건 속에서 대만은 화교들이 의지할 수 있는 '조국'이었고, 대만 정부의 지원 하에 국민 의식과 민족정신을 유지해올 수 있었다. 하지만 화교들은 대만에서 거주하고 있는 진정한 대만인과는 또 다른 존재이다. 그들은 비록 대만 여권을 소지하고 있지만 대만 신분증이 없기에 대만인들과 동등한 대우를 받지 못한다. 한국화교들은 대만에서조차 외성인(外省人)으로 구분되었으며, 이방인으로 취급받는 신세이다.[42] 역사적으로 볼 때 화교들은 손문의 신해혁명과 '중화민국' 성립을 위해 막대한 재정적 지원을 했었고, 이에 대해 손중산은 일찍이 "화교는 혁명의 어머니"라는 말로 화교들의 공로를 칭송한 바 있다. 따라서 대만은 화교들에 대한 정책적인 지원을 아끼지 않았다. 1947년 제정된 '중화민국' 헌법에서는 화교 출신의 국민당대표대회, 입법위원, 감찰위원을 선출하고, 화교들의 경제 사업 및 교육, 복지 등에 대해 정부가 지원하도록 규정하고 있다.[43]

한국화교들에 대해서도 대만은 다양한 지원 및 포섭 정책을 시행하였다. 특히 교육 분야에서 화교학교에 대사관 소유 부지를 무상으로 제공했으며, 매년 재정지원과 교과서 제공 등의 혜택을 주고 있다. 또한 중화민국 대학 입학 시에 특별전형을 실시하여 한국화교 출신 학생들이 '중화민국' 현지 학생들보다 유리한 조건에서 대학에 진학할 수 있도록 배려하였고, '중화민국' 대학에 진학한 학생들에게는 모두 신분증이 발급되었다. 방학 때에는 학생들을 위해 '구국단(救國團)'이라는 명칭의 모국 방문 프로그램을 마련하여 국토종단, 학생 캠프, 강연회 등의 행사를 가졌으며, 경비는 일체 국민당에서 지원하였다. 그러나 민진당 집권 이후 '중화민국'

---

42 조정원(2009), p. 149.

43 정영록(2002), "화교와 우리의 과제", 『화교 네트워크와 우리의 기업 활용 방안』, 산업자원부, p. 59.

위주의 정책을 펴기 시작하면서 화교 지원정책이 점차 약화되었다. 2000년 9월 '중화민국' 정부는 71년 만에 처음으로 국적법을 대폭 개정하였다. 이에 따르면, 원래 '중화민국' 대학 진학과 함께 발급되었던 신분증이 여자의 경우 1년 이상 '중화민국'에 체류를 해야 신분증이 발급되고, 남자의 경우 군대에 갔다 오거나 '중화민국' 대학을 졸업한 후 거주국으로 돌아가서 2년이 지난 후에 다시 돌아와야 신분증 발급 신청을 할 수 있게 되었다. 다른 하나의 변화는 '중화민국' 정부의 화교 교육 지원이 줄어들었다는 점이다. 기존에는 '중화민국' 정부로부터 매년 지원금을 지원 받았으나, 2000년부터는 학교에서 지원금을 신청하면 '중화민국대표부'에서 검토 후 지원하는 방침으로 전환되었다.[44]

이처럼 국민당 집권 시기 '중화민국' 정부는 한국화교들에게 다양한 지원정책을 시행해왔지만, 민진당 집권 이후 이러한 지원은 점차 축소, 약화되었다. 결과적으로 한국화교들은 비록 '중화민국' 국적을 소지하고 있지만, 동등한 대우를 받지 못하고 있으며 외성인으로 차별 받고 있다. 또한 1992년 한 · 중 수교 이후 한국화교 사회는 새로운 경제적 기회를 찾아 중국 대륙으로 눈을 돌리기 시작하였다.

3) 한국화교의 사회공동체

현재 한국에 정착하고 있는 한국화교의 규모는 많지 않으나 그들은 서로 긴밀한 연대관계를 형성하고 있으며, 백여 개의 화교단체를 설립하였다. 화교사회는 화교협회(华侨协会)를 중심으로 복합적인 네트워크를 구축하고, 이를 통하여 강한 응집력을 형성하고 있다. 한국화교는 거의 대부분이 하나 이상의 협회에 가입하여 회원으로서 우의를 다지고 정보를 주

44 김기호(2005), pp. 48-53.

고받으며 유대를 강화하고 있다.

한성화교협회의 관련 자료에 따르면, “1905년 일본이 한국을 강점하게 되었을 때 화교들은 자신의 생존과 발전을 위해 먼저 서울, 인천 등 대도시를 중심으로 동향회관과 거주지를 바탕으로 중화상회를 결성하였다. 제2차 세계대전이 종식되고 한국이 광복되면서 한국에 거주하는 화교조직도 획기적인 변화를 가져왔다. 과거 지방적 성격의 회관들이 해체되는 대신 한국 전역에 통합된 자치조직이 탄생하기 시작하였다.”[45] 이러한 화교조직이 바로 화교협회이다.

화교협회 이외에도 디아스포라 집단으로서의 한국화교는 거주국에서 다양한 단체를 조성해 그들만의 응집력을 강화하고 있다. 예컨대 업종, 출신지, 종교를 중심으로 구축한 동호회 · 동향회 · 친목회 등도 대표적인 화교단체이다.

업종을 중심으로 한 화교단체로는 각 지역에 분포되어 있는 중화요리연합회와 지부, 조합, 한의사학회, 화교청년총회 및 지방분회, 중화부녀연합총회 한국분회 및 각 지방 지회 등이 있다. 출신지를 중심으로 구축한 화교단체는 광동회회관(廣東会会館), 수광(壽光), 문영동향회(文榮同鄉会) 등이 있다. 또한 화교의 종교조직으로는 중화기독교회, 달마 불교회, 이교회 한국분회이며, 문화예술단체로는 거선당문화회(居善堂文化会), 한국화교중국전통연극연구학회(韓國华僑國劇研究社) 등이 있다. 국제조직 단체로는 한국화교 라이온즈 클럽, 인천화교 라이온즈 클럽, 중화청년 상업인협회, 용강친목회(龍岡親義總会) 등이 있다.

화교협회, 중화요리연합회, 광동회회관을 비롯한 오랜 역사를 가지고 있는 화교단체 이외에도 최근에는 신흥화교단체가 화교사회의 친목을 도

---

45 한성화교협회(汉城华侨协会): http://www.craskhc.com/htm/sub03.htm(검색일: 2021.01.27.)

모하고 응집력을 강화하는 역할을 담당하고 있다. 신흥화교단체 중에서 대만대학교동창회, 정치대학교동창회, 사범대학교동창회 등을 비롯한 동창회가 대표적이다. 그러나 이러한 동창회는 아직 소수 지방적인 화교단체이고 전국적인 규모의 동창회가 아니다. 또한 대만의 기업에서 파견근무 하는 주재원들이 결성한 경제인 조직 대만상인친목회가 있으며, 부산화교세예동호회를 비롯한 문화예술 관련 단체도 있다. 부산화교서예동호회 중한양국의 친선서예전시회(행사)를 8차례나 치렀다.

백여 년의 이주역사를 가지고 있는 한국화교는 비록 한국에서 태어나고 자랐지만, 여전히 이방인으로 간주되고 있다. 이러한 배타적인 사회적 분위기 속에서 점차 주변화 된 화교들은 그들만의 정체성을 지켜나가고, 집거지를 형성하면서 공동체를 유지하고 있다. 화교 공동체가 유지되고 발전함에 있어서 핵심적인 역할을 담당한 것이 바로 화교협회를 비롯한 화교단체이다. 다음은 한국 국내의 대표적 화교단체를 세부적으로 검토하고자 한다.

(1) 화교협회(华侨协会)

다양한 화교단체 중 한국 각 지역에 분포된 화교협회(华侨协会)가 가장 중요한 역할을 담당하고 있다. 화교협회의 가장 주요한 기능과 업무는 화교의 각종 증명서류를 처리하고 발급하는 것이며, 화교의 대외연락 역할도 담당하고 있다. 화교협회의 이러한 기능은 한국 국내의 시청, 구청, 동사무소와 비슷하다. 비록 최근에 분파주의로 인해 화교협회의 조직력과 기능이 쇠퇴되고 있지만 화교협회의 존재는 조직적인 측면에서 한국 사회의 결속력을 유지하는데 중요한 영향력을 미치고 있다.

표 3.2 전국 화교협회 현황

명칭	주소
한성화교협회	서울시 중구 명동2가 105 도서관빌딩 501호
인천화교협회	인천시 중구 차이나타운로 55번길 21
부산화교협회	부산시 동구 초량1동 548-2
대구화교협회	대구시 중구 종로2가 31번길
광주화교협회	전남 광주시 동구 계림2동 22번지
대전화교협회	대전시 동구 정동 36-32
청주화교협회	청주시 상당구 북문로2가
제천화교협회	제천시 중앙동 2가 27-7
예산화교협회	예산군 예산읍 예산리 515
서산화교협회	서산시 해미면 읍내리 169-1
당진화교협회	당진군 당진읍 내리 244-25
세종화교협회	연지군 조치원 정리 87-13
음성화교협회	음성군 음성읍 읍내리 303
천안화교협회	천안시 동남구 원성2동 587-5
증평화교협회	증평군 증평읍 교동 49(복성원)
논산화교협회	논산시 화지동 444
옥천화교협회	옥천군 옥천읍 금구리 178-6
보령화교협회	보령시 대천동 202-4 부광상회
홍천화교협회	홍천군 홍천읍 오관리 245
공주화교협회	공주시 신관동 585-5
서천화교협회	서천군 서천읍 군사4리 571-3
춘천화교협회	춘천시 소양로2가 4번지
창원화교협회	마산시 합포구 장군동2가 13
원주화교협회	원주시 중앙동 245번지
김제화교협회	전북 김제시 요촌동 201-19
익산화교협회	익산시 영등동 855-7
영등포화교협회	서울시 영등포구 문래동1가 29번지
수원화교협회	수원시 팔달구 영동 6-1 흥헌 본관4층

명칭	주소
의정부화교협회	의정부시 입석로 80
강릉화교협회	강릉시 홍제동 57-1
안성화교협회	안성시 동본동 88
충주화교협회	충주시 문화동 457
영동화교협회	충북 용동군 용동읍 중앙동 683-28
평택화교협회	평택시 신창동 214-3
온양화교협회	아산시 온천1동 86-25
전주화교협회	전주시 완산구 중앙동가 53
군산화교협회	정읍시 수성동 574-10
정읍화교협회	군산시 명산동 19-7
여수화교협회	여수시 여수로 304 경남(A) 106/303
영광화교협회	영광군 영광읍 남주리 249-3
진해화교협회	진해시 송학동 12-2
목포화교협회	목포시 대의동 7번지
경주화교협회	경주시 황오동 우주빌라 101/401
홍천화교협회	홍천군 홍천읍 진리 98
김천화교협회	금천시 모암동 187-21
진주화교협회	진주시 평거동 198-4
포항화교협회	포항시 북구 동빈동1가 48
순천화교협회	순천시 남내동 1-9
제주화교협회	제주시 삼도1동 804-5
울산화교협회	-

출처: 인천화교협회: http://skin-skin1—shop1.craik1887.cafe24.com/chi_association.html(검색일: 2021.01.29.)

(2) 화교학교

화교학교는 한국 화교사회를 묶어주는 구심점 역할을 해왔다. 이는 화교들이 그들의 언어와 문화를 계승하고, 화교로서의 자부심을 키우는 데 매우 중요한 역할을 하고 있다. 화교학교는 1902년 인천에서 최초로 설립되었는데, 현재 4개의 화교중학교와 19개의 화교소학교, 3개의 화교 유치원이 설립되어 있다.[46] 학교의 선후배 관계를 통해, 화교사회는 인적 네트워크를 형성, 유지하고 있을 뿐 아니라, 학교의 교과과정을 통해 전통에 대한 학습을 계속하고 있다.

현재의 화교학교는 모두 대만이 지원하여 설립한 것으로, 비교적 오랜 역사를 가지고 있다. 한성화교소학교, 인천화교소학교와 같은 학교의 역사는 80~100년의 역사를 가진 학교들이다. 박정희 정권 이후 모든 외국인학교를 외국인 단체로 등록하도록 하였기 때문에 외국인 학교는 한국 국적자를 받을 수 없고, 받게 된다면 등록을 취소하게 되어 있었다. 당연히 학력도 인정되지 않았다. IMF 이후 한국 정부가 외국에 대한 교육을 개방하면서 모든 외국인 학교는 '각종 학교'로 등록하도록 하였다. 그러나 화교도 이제 한국 법상 학교이므로 학력을 인정받기 위해서는 각종 교육법 상의 학력 인정 기준에 부합되어야 하는데, 아직까지 화교학교를 비롯한 외국인 학교가 한국법의 기준에 따라 공식적으로 학력을 인정받은 곳은 단 한 곳도 없는 상황이다. 외국인 학교가 한국법이 정하는 교원, 교사, 체육시설, 수익용 재산, 교과목 등 각종 학력 인정 기준을 충족하기란 현실적으로 매우 어렵다.

주지하듯이 한국사회로부터 소외된 한국화교들은 화교협회를 조직하고, 그들의 자녀들을 화교학교로 보내 민족 언어와 전통을 배움으로써 화

46 인천화교협회(仁川华侨协会): http://skin-skin1--shop1.craik1887.cafe24.com/chi_school.html(검색일: 2021. 02. 02.)

교로서의 정체성을 고양하고자 한다. 화교사회 공동체의 이러한 노력은 그들의 정체성 유지에 많은 영향을 미치고 있다.

표 3.3 전국 화교 중 · 고등학교[47]

명칭	주소
인천화교중산중학교	인천시 중구 차이나타운로 55번길 19
한성화교중학교	서울시 서대문구 연희로 176
부산화교중학교	부산시 동구 대영로 243번길 61
대구화교중학교	대구시 남구 덕양로 30길 21

출처: 인천화교협회: http://skin-skin1—shop1.craik1887.cafe24.com/chi_school.html(2021.02.03.)

표 3.4 전국 화교 유치원 및 소학교(초등학교)

명칭	주소
인천화교소학교 부속유치원	인천시 중구 차이나타운로 55번길 19
한성화교소학교 부속유치원	서울시 중구 명동2길 35
부산화교유치원	부산시 동구 대영로 243번길 61
인천화교소학교	인천시 중구 차이나타운로 55번길 19
한성화교소학교	서울시 중구 명동2길 35
영등포화교소학교	서울시 영등포구 경인로 88길 9
부산화교소학교	부산시 동구 대영로 239번길 43
울산화교소학교	울산시 중구 도서관길 45
대구화교소학교	대구시 중구 종로34
의정부화교소학교	의정부시 입석로 80
수원화교중정소학교	수원시 장안구 광교산로 8
평택화교소학교	평택시 평택1로 20번길 14
원주화교소학교	원주시 판부면 남송길57

47 중국(대만)에서 지칭하는 중학교(中学)는 중 · 고등학교가 포함된다. 한국의 화교중학교도 마찬가지로 명칭은 비록 중학교이지만 중 · 고등학교가 모두 포함된다. 이 책에서는 화교의 관례에 따라 중 · 고등학교를 중학교로 지칭하고자 한다.

명칭	주소
강릉화교중정소학교	강릉시 명주로 17번길 16
대전화교소학교	대전시 중구 중교로 84-1
청주화교소학교	청주시 흥덕구 사직대로 248번길 20-1
충주화교소학교	충주시 천변로 305
논산화교소학교	논산시 황산1길 6
전주화교소학교	전주시 완산구 전라감영2길 23
군산화교소학교	군산시 월명로 467
창원화교소학교	창원시 마산합포구 중앙남6길 29
제주화교소학교	제주시 삼도1동 909

출처: 인천화교협회: http://skin-skin1—shop1.craik1887.cafe24.com/chi_school.html(2021.02.03.)

제3장에서는 백여 년 전부터 한국으로 이주한 한국화교를 거주국과 모국의 사이의 경계에 위치한 디아스포라로 규정하고, 디아스포라 정체성 이론을 바탕으로 한국화교들의 현지 적응 실태를 살펴보았다. 또한 그들의 정체성에 영향 주는 몇 가지 대표적인 요인들을 분석함으로써 한국화교의 거주국과 모국을 모두 포함한 디아스포라적 다중정체성을 고찰하였다.

한국화교의 디아스포라 정체성은 아래와 같이 요약할 수 있다.

첫째, 한국으로 이주한 화교집단은 거주국에서 새로운 관계를 형성하였지만, 한국 정부의 차별 정책으로 인해 완전히 동화되지 못하고 이방인으로 살아가고 있다. 비록 화교들에 대한 법적규제는 완화되었지만 한국의 법적, 제도적 상황은 여전히 화교를 외국인으로 보는 입장에서 출발하고 있다. 이러한 차별적인 제도들은 그들이 한국사회의 진정한 일원으로 뿌리내리는 데 장애 요인으로 작용하고 있다.

둘째, '중화민국' 여권을 소지하고 있는 한국화교들은 '중화민국' 정부의 지원과 중국대륙의 신속한 경제발전으로 인해 모국과의 연계를 유지, 강화하고 있다. 한국에 거주하고 있는 대부분 화교는 '중화민국' 여권을 소지하고 있는 산동출신 이민자이다. '중화민국'과 외교관계를 맺고 있을 때, 화교들은 '중화민국' 여권을 취득하고 '중화민국'을 유일한 모국으로 지향하는 정체성을 형성하였다. 하지만 1992년 한 · 중 수교 이후, 중국의 급속한 경제발전과 국제적 지위의 상승으로 인해 한국화교들은 점차 중국을 주목하게 되었으며 중국과의 유대를 강화하였다. 특히 2000년 이후 '중화민국' 정부의 지원이 약화되고, 중국의 위상이 격상됨에 따라 화교 사회는 점차 중국에 대한 정체성도 형성하게 되었다.

셋째, 제한적인 사회 환경 속에서 화교들은 화교협회를 통해 결속력을 강화하였고, 화교학교를 통해 중국계 이주민의 정체성을 유지해오고 있다. 비록 화교인구가 급속히 감소하고 있지만, 협회와 학교 등을 중심으로 한 조직적인 노력을 통하여 여전히 그들 나름의 정체성과 결속력을 유지하고 있다.

요컨대 한국화교들은 한국정부의 차별정책, 모국인 중국과 '중화민국'의 지원정책, 또 화교 사회 공동체의 조직적인 노력을 통해 거주국과 모국의 정체성을 모두 포함하는 다중정체성을 형성하고 있다고 볼 수 있다.

5. 한국사회의 대표적 화교단체

1) 한성화교협회(汉城华侨协会)

1969년에 창설된 한성화교협회는 서울 지역을 대표하는 화교협회로, 오늘날까지도 여전히 한국화교 사회를 대표하는 협회 중의 하나이다. 한성화교협회는 1884년에 설립한 중화상회(中华商会)에서 중화상공회(中华商工会)를 거쳐 군사혁명신법(军事革命新法)에 따라 한성화교자치구(汉城华侨自治区)로 조직개편 되었다가 현재의 한성화교협회에 이르렀다.

1905년 일본이 한반도를 침략하고 통치할 당시 일부 화교는 생존과 발전을 위해 서울, 인천 등 대도시로 이전하였으며, 모국 출신지역을 중심으로 한 동향회관(同乡会馆)과 거주지를 중심으로 한 중화상회(中华商会)를 결성하였다. 동향회관은 광방회관(广帮会馆), 남방회관(南帮会馆), 북방회관(北帮会馆)이 대표적이었으며, 그 중에서도 북방회관의 세력이 막강하였다. 서울 지역의 중화상회(中华商会)는 1899년 광방, 남방, 북방 등 회관들이 공동으로 설립한 것이다. 각 회관의 세력 및 인원 배당에 따라 중화상회의 이사진을 결정하였고, 당시 22명의 이사 중 북방이 10명, 광방이 8명, 남방이 4명을 차지하였다. 1924~1925년까지 한국에서 중화상회를 설립한 지역은 서울, 인천, 목포, 부산, 평양, 진남포, 신의주, 원산 등이며, 중화상회의 역할은 화교들 사이의 갈등과 모순을 조정하고, 그들의 복지를 도모하는 것이었다.[48]

제2차 세계대전 이후 한국에 정착한 화교들의 조직에는 획기적인 변화가 나타났다. 과거 지방 회관들이 해체되는 반면에 한국 전역에 통일된 자치조직이 탄생하였다. 1947년 서울주재중화민국총영사관이 정상업무를 다시 시작한 이후, 한국 국내에서 규모가 비교적 큰 도, 시, 읍을 48개의 자치구로 나누어 자치구마다 구역공서(区公所)를 설치하였다. 또한 서울에 남한자치총회(南韩自治总会)를 설립하여 전국의 화교업무를 총괄하였다.[49]

현재의 한성화교협회는 1969년 한국의 5.16 군사협병 법령에 따라 기존의 화교자치구를 개편하여 설립한 것이다. 이와 동시에 1969년 한국주재중화민국대사관이 『한국화교협회조직통칙(韩国华侨协会组织通则)』을 발표하면서 한성화교협회가 공식적으로 설립되었다. 한성화교협회는 이감사제도(理监事制度)를 시행하고 있으며, 이사회(理事会)와 감사회(监事会)로 나

48 한성화교협회. http://www.craskhc.com/htm/sub0102.htm(검색일: 2020.01.29)

49 한성화교협회. http://www.craskhc.com/htm/sub0102.htm(검색일: 2020.01.29)

누어 업무를 추진하고 있고 각 임기는 모두 2년이다. 임기만료 전 서울 지역 각 화교단체가 한자리에 모여 공동선거위원회를 결성하고, 중화민국대사관이 발표한 선거통칙에 따라 화교들의 투표로 이사 15~17명, 감사 5명 선출하여 이사회 및 감사회를 결성한다. 또한 이사회에서 협회회장 1명을 선출하고, 부회장은 회장이 이사 중에서 6명을 지명한다.[50]

한성화교협회는 화교들의 복지향상과 대외적인 위상을 향상하기 위해 설립한 화교단체이며, 2013년 8월 당시 회장 이충헌의 주도로 정식 "사단법인 한성화교협회"를 설립되었다. 한성화교협회는 8천 여 명의 화교를 등록 관리하고 있으며, 회원은 산동성(山东省) 출신이 가장 많고, 다음은 하북성(河北省), 동북 지역, 광동성(广东省), 절강성(浙江省), 강소성(江苏省), 산서성(山西省) 등 순이다.

한성화교협회의 관할구역은 서울특별시의 18개구(관악, 구로, 영등포, 강서, 금천, 동작, 양천구 제외), 하남시, 광주시, 고양시, 구리시, 의정부시, 파주시, 동두천시, 남양주시, 양주시, 포천시, 연천군, 가평군, 양평군, 안양시, 철원군, 홍천군이다. 한성화교협회 관할구역 내 가장 많은 화교 사업체는 요식업이고, 다음은 한의원, 잡화상이며, 코로나19 이전에는 관광산업이 발전함에 따라 토산품면세점과 여행사도 신흥 사업으로 부상하였다. 한성화교

사진 3.1 한성화교협회 로고
출처: 한성화교협회: http://www.craskhc.com/htm/sub0102.htm(검색일: 2021.01.29.)

50 한성화교협회: http://www.craskhc.com/htm/sub0102.htm(검색일: 2020.01.29.)

사진 3.2 한성화교협회 홈페이지
출처: 한성화교협회: http://www.craskhc.com/htm/sub0102.htm(검색일: 2021.01.29.)

협회 관내에는 40개의 교민단체와 화교중학교, 화교소학교 각 1개가 있다. 한성화교협회는 화교들의 친목을 도모하고 합동행사를 원활하게 추진하기 위해 리드역할을 해왔다. 한성화교협회의 일상 업무는 주로 화교의 호적 등본관리 및 각종 증명서 발급 등이다. 또한 쌍십절(双十节)을 비롯한 다양한 행사를 주최하여 화교들의 응집력을 강화하고 있으며, 화교사이 및 화교와 한국인 사이의 갈등과 분쟁을 조정하는 동시에 화교의 복지를 도모하는 것이 주요한 업무이다.[51]

2) 인천화교협회(仁川华侨协会)

1882년 8월 즉 임오군란 이후 "조청상민수륙무역장정(朝清商民水陆贸易章程)"이 체결되면서 청나라 상인들의 조선 진출이 본격적으로 이루어

51 한성화교협회: http://www.craskhc.com/htm/sub0102.htm(검색일: 2020.01.29.)

졌다. 중국계 이주민의 조선유입이 확대되면서 점차 화교사회가 형성되었고, 그들의 공식적이고 전국적인 단체가 만들어지기 시작하였다. 1883년 9월 상무공서(商务公署)가 서울의 회현방 락동(骆洞)에서 설립되었고, 같은 해 11월 인천에 상무서(商务署)가 설치되었다. 1884년 조선과 청나라가 "인천구화상지계장정(仁川口华商地界章程)"을 체결하여 인천에 조계지역인 청관(清馆)이 형성되자 서울, 인천 지역의 화교사회에서 대표를 뽑아 조직된 중화회관(中华会馆)이 설립되었으며, 동향회와 동업조직들이 발족되기 시작하였다.[52] 그 당시 설립된 중화회관이 바로 현재의 인천화교협회이다.

인천화교협회는 1887년 '중화회관(中华会馆)'으로 시작하여 이후 '중화상회총회(中华商会总会)', '화상상회(华商商会)' 및 '중화회관(中华会馆)' 등의 명의 변경이 있었다. 각 명칭은 당시 협회의 특색을 구체적으로 표현하고 있

표 3.5 인천화교협회 발전과정

연도	내용
1887년	인천중화회관 창립
1913년	인천중화상무총회
1915년	인천중화총상회
1930년	인천화상상회
1945년	인천중화상회
1948년	남한화교자치인천구청
1951년	인천중화상회와 남한화교자치인천구청이 인천화교자치 임시위원회로 합병
1951년	인천화교자치회
1955년	인천화교자치구
1960년	인천화교협회

출처: 인천화교협회: http://skin-skin1—shop1.craik1887.cafe24.com/chi_association.html(검색일: 2021.02.03.)

52 이창호(2011), "한국 화교사회의 정치적 조직과 역동성: 인천 차이나타운을 중심으로", 『中央史論』 33집, pp. 48-49.

다. 1945년 광복 이후에는 '남한화교자치인천구청'으로 그 이후에는 선후로 '인천화교임시위원회', '인천화교자치회'로 변경되었다. 당시 협회의 지위는 상당히 중요한 위치에 있었고 인천화교와 관련된 모든 민사와 형사 사건을 모두 협회에서 주관하여 해결하였다. 1960년 주한대사관령에 따라 한국의 정세에 부합하기 위하여 '인천화교협회'로 명의 변경 후 지금까지 이어져오고 있다.[53]

인천화교협회의 로고는 대만의 국화인 매화의 모양을 태극의 색으로 표현하였고, 항해하여 인천에 뿌리내린 화교의 모습을 형상화하기 위해 인천시청의 마크와 배 한척이 태극 매화 내에 자리하고 있다.

인천화교협회는 부천시, 김포시, 경기도 광주시, 포천시, 고양시, 시흥시, 광명시와 남양주시 등 9개 지역을 관할 지역으로 두고 있으며, '한국 각지 화교 협회 조직 통책'의 규정에 따라 회칙을 만들고 이감사제를 실시하고 있다. 이사회는 이사 중에 1명을 회장을 선출하고 회장은 3~5명을 부회장으로 지명한다.[54]

사진 3.3 인천화교협회 로고
출처: 인천화교협회: http://skin-skin1—shop1.craik1887.cafe24.com/history.html(검색일: 2021.01.31.)

53 인천화교협회: http://skin-skin1—shop1.craik1887.cafe24.com/history.html(검색일: 2021.01.31.)

54 인천화교협회: http://skin-skin1--shop1.craik1887.cafe24.com/state.html(검색일: 2021.01.31.)

사진 3.4 인천화교협회 홈페이지
출처: 인천화교협회: http://skin-skin1—shop1.craik1887.cafe24.com/(검색일: 2021.01.31.)

인천화교협회는 병원, 무역회사, 음식점 등을 운영 중인 각계각층의 화교들의 기부금과 만 14세 이상 남녀 교민이 매월 1,000원의 회비를 납부하며 각종 증명서 비용과 부동산 등으로 협회를 유지하고 있다. 협회의 수입 및 지출과 관련된 모든 사항은 매월 회장, 재무부회장 및 감사장의 심사를 받는다.[55]

현재 인천화교협회는 화교의 호적 관리, 조사, 통계를 주요 업무로 하고 있으며, 대외로 화교 및 중화문화 홍보 그리고 한국 당국과의 교류를 주요 업무로 추진하고 있다. 2015년 기준 한국인천화교협회 호적 등록 인원은 남자 1,894명, 여자 1,710명으로 총 3,604명이다.[56]

55 인천화교협회: http://skin-skin1--shop1.craik1887.cafe24.com/state.html(검색일: 2021.01.31.)

56 인천화교협회: http://skin-skin1--shop1.craik1887.cafe24.com/state.html(검색일: 2021.01.31.)

3) 부산화교협회(釜山华侨协会)

부산에 화교가 본격적으로 유입되기 시작한 것은 1880년 초부터이다. 1876년 부산항을 시작으로 인천, 목포, 원산, 군산 등 항구가 개항되면서 당시 청나라 상인들이 조선으로 이주하게 되었으며, 인천 · 원산 · 부산에 조계지가 개설됨에 따라 부산 지역 화교의 역사가 시작되었다. 당시 부산 조계지는 현재 부산역 앞 초량동 일대로, 당시 중국계 이주민들이 운영하는 점포와 주택이 형성되었으며, 이러한 점포가 밀집한 거리를 "청관거리"라고 불렀다. 당시 청관거리 점포에는 양복, 비당, 포목 등 중국 상하이 등지에서 수입해온 상품들이 판매되었고, 소매업뿐만 아니라, 각 지방 상인을 대상으로 한 도매업도 성행하였다.[57] 관련 기록에 따르면, 1884년 당시 부산 전역의 화교는 14명에 불과했으나 그 이후 꾸준히 증가하여 1925년에는 542명으로 증가하였다.[58]

한국전쟁이후 초량동의 청관거리는 부산의 주변지역이었지만, 1953년 부산역전 대화재로 인해 큰 피해를 받았던 부산역이 초량동 중화가 맞은편으로 이전하면서, 청관거리는 일약 신흥 도심지로 부상하였다. 아울러 기존에 중앙동에 위치한 텍사스촌도 청관거리 옆으로 이전함에 따라 청관거리의 경제 활성화에 크게 기여하였다. 당시 청관거리와 텍사스촌은 외국인 거리라는 공통점을 기반으로 동반 성장하였다. 그러나 부산 주둔 미군이 감소하고, 외항 선원의 출입 역시 줄어들면서 텍사스촌이 급격히 쇠락하였고, 이에 따라 청관거리의 발전도 주춤하였다.[59]

---

57 이진석(2010), "부산 지역 화교의 사회연결망 변화와 사회자본화", 동아대학교 대학원 박사학위논문, p. 80.

58 장세훈(2009), "'부산 속의 아시아' 부산 초량동 중화가의 사회행태학적 연구", 『경제와 사회』 81집, pp. 300-373; 이진석(2010), p. 80. 재인용

59 이진석(2010), p. 81.

그러나 1992년 한중수교이후 한국과 중국의 정치 · 경제 · 사회 · 문화적 교류가 활성화됨에 따라 청관거리로 불리던 초량동의 중화가는 다시 제2의 부흥의 길을 맞이하게 되었다. 특히 1993년 부산시와 상하이(上海)시가 자매결연한 것을 기념해 중화가를 "상해거리"로 명칭을 변경하였으며, 1998년부터 부산시는 "상해거리"라는 이름으로 초량동 일대를 개발하기 시작하였다. 2004년에는 제1회 상해거리 축제를 개최하였고 2006년에 차이나타운 축제로 명칭을 변경하였다. 현재 부산 차이나타운 내 초량1동 사무소와 상해문 사이에 화교 집단 상가가 형성되어 있는 거리를 "상해거리"라고 부르며, 1999년 상해문 건립을 시작으로 2007년 초량1동 사무소의 중국풍 리모델링에 이르기까지 차이나타운은 점차 중국을 느끼고 경험할 수 있는 공간으로 변모하고 있다.[60]

부산은 1999년부터 2006년까지 차이나타운 조성사업을 위해 국비 32억원, 시비 71억원 약 103억 원의 사업비를 투입하였다. 구체적으로 상해문 건립, 야간 조명시설 설치, 중국 상징물 설치, 외국인 정보서비스센터 건립, 초량1동 중국풍 리모델링 공사 등이 포함된다. 2007년 부산은 초량동 일대를 '동구차이나타운 특구'로 지정하여 한중문화교류원과 중국특산품쇼핑센터를 건립하였으며, 차이나타운 문화축제를 개최하는 등 문화지원사업을 꾸준히 추진하고 있다. 현재 부산 차이나타운에는 부산화교협회를 비롯한 화교단체와 중화기독교회, 천주교 중국교회, 화교 침례교회 등 종교시설이 있으며, 부산화교중학교, 부산화교소학교 등 화교의 민족교육을 담당하는 교육시설이 마련되어 있다.[61]

1880년 초 부산에 화교가 유입된 이후 백여 년 동안 한국사회에 완전히 동화되지 않고, 그들만의 민족공동체를 구축하고 차이나타운을 비롯한

60 박종범 · 서선영(2018), "장소마케팅을 활용한 지역발전 효과 연구: 인천과 부산의 차이나타운을 중심으로", 『문화와 융합』 제52호, pp. 178-179.

61 박종범 · 서선영(2018), p. 179.

사진 3.5 부산 초량동 차이나타운
출처: 저자 촬영

사진 3.6 부산 차이나타운
출처: 저자 촬영

민족집거지를 형성할 수 있었던 것은 화교단체가 존재했기 때문이다. 부산에서 가장 대표적인 화교단체는 바로 부산화교협회이다.

1947년 중화민국주한국영사관이 개관하기 이전에 부산에는 이미 다양한 화교단체가 조성되었다. "중화상회(中华商会)", "화교자치구(华僑自治

區)", "요식업공회(料食業公会)", "이발공회(理髮公会)", "농업공회(農業公会)" 등이 대표적이다.

1961년 부산화교자치구가 부산화교협회로 명칭이 변경된 이후 지금까지 이어왔으며, 1969년 1월 4일 중화민국주한국대사관이 『한국화교협회조직통칙(韩国华侨协会组织通则)』 발표하였다. 『한국화교협회조직통칙』의 구체적 내용은 아래와 같다.

제1조: 본 통칙은 화교의 실정을 반영하기 위해 중화민국정부가 발표한 교무법규(僑務法規) 관련 규정에 따라 제정한다.

제2조: 화교협회는 교포(侨胞)를 단결하고, 화교의 합법적 권익을 보호하며, 대중의 복지를 강구하고, 현지사회를 발전시키는 동시에 중한 양국 인민의 우의와 친선을 강화하는 것을 취지로 한다.

제3조 화교협회는 관련 기구의 지도를 받는다.

제4조 화교협회 관할지역에 있는 교포는 모두 협회의 회원이며, 회원의 권리와 의무는 아래와 같다.

① 관할 지역 역내에서 6개월 이상 거주하고 호적이 있으며, 외국인거주허가증을 소지하는 동시에 회비를 정상적으로 납부한 20세 이상 화교는 성별, 종교, 직업을 불문하고 투표권을 가지고 있다. 다만 피선거권은 23세 이후 부여된다.

② 협회 규정 및 결의안에 따르고, 협회의 합법적 원조를 받으며, 회비를 납부한다.

제5조 화교협회는 이감사제도(理监事制度)를 시행하고 있으며, 이사회(理事会)와 감사회(监事会)로 나누어 업무를 추진한다. 관할지역 역내 교포가 19명의 이사와 5명의 감사를 선출하되, 19명의 이상 중에서 한명을 선출해 회장을 담당한다. 회장은 3~8명의 부회장을 지정해 관련 업무를 담당한다. 감사회(監事会): 5명의 감사가 한명을 선출하여 감사장(監事長)을 담당한다.

제6조: 이사회의 직권은 아래와 같다.

① 협회 업무를 토론 결정하고, 관련 계획을 추진한다.

② 회장으로부터 업무보고를 받는다.

③ 협회 경비를 마련하고, 예산을 심사한다.

제7조 회장의 직권은 아래와 같다.

① 이사회 결의안을 집행한다.

② 협회의 일상 업무 및 긴급 업무를 처리한다.

③ 이사회 회의를 모집하고 회의 주석을 담당한다.

④ 직원의 고용 및 해임을 결정한다.

⑤ 대외행사에서 협회를 대표한다.

제8조 회장이 부회장을 지정하고 관련 업무를 배치하며, 협회 업무를 협조하도록 한다.

제9조 감사회(監事会) 직권은 아래와 같다.

① 이사회에 참석한다.

② 이사회 수입과 지출을 심사한다.

제10조 감사장(監事長) 직권은 아래와 같다.

① 감사회를 개최하고 주석을 담당한다.

② 감사회 의결사항을 집행한다.

③ 이사회에서 감사회를 대표한다.

제11조 화교협회 이사, 감사는 모두 의무직이며, 임기는 2년이다. 선거를 통해 연임은 가능하나, 회장 연임은 1회에 한한다.

제12조

① 이사회는 매월 1회 개최되며, 회장이 주최하고 필요 시 임시회의를 소집할 수 있다.

② 감사회는 3개월에 한 번씩 개최하며, 감사장이 주최하고 필요 시 임시 회의를 소집할 수 있다.

제13조 이사회, 감사회가 회의를 개최하고 의결할 때는 절반 이상의 이사, 감사가 회의에 참석해야 하며, 투표 결과 찬성과 반대 의견이 똑 같을 경우 회장이 결정한다.

제14조 이사, 감사 선출 방법은 아래와 같다.

① 이사회가 선거위원회를 구성하고, 선거인 관련 통계 업무를 담당하며, 선거 관련 업무를 처리한다.

② 선거위원은 회장이 추천하고, 화교학교 교직원 및 선거에 참여하지 않는 성망 있는 화교로 구성한다. 선거방법 및 규칙은 관련 기관에 보고하여 기록한다.

③ 선거위원은 주임위원 1명과 부주임위원 2명을 선출하여 직원과 함께 선거 관련 업무를 담당한다.

④ 선거위원과 직원 모두는 의무직으로 이감사 선거에 참여해서는 안 된다. 선거에 참여할 경우 위원직에서 사직해야 한다.

⑤ 선거위원회의 업무는 선거사무가 완료된 후 종료된다.

제15조 이사, 감사 후보인은 아래 조건을 충족해야 만 피선거권이 있다.

① 해당 지역에서 6개월 기상 거주하고 호적이 있어야 한다.

② 만 23세 이상이어야 한다.

③ 외국인거주허가증을 소지해야 한다.

④ 초등학교 이상 졸업해야 한다.

⑤ 정부 정책을 지지하고, 사상이 순수해야 하며, 정당한 수입이 있어야 한다.

제16조 이사, 감사가 아래 사항에 해당될 경우 피선거권이 없다.

① 형사처분을 받았거나 판결에 의해 전과자인 경우

② 권리를 박탈당해 아직 권리 회복을 못한 자

③ 공금을 횡령하여 상환하지 못한 자

④ 공직자 혹은 정신질환자

제17조 신임 이사회, 감사회가 구성된 이후 회장, 감사장을 선출한다. 회장, 감사장은 선출된 후 1주일 이내에 관련 기관에 등록해야 한다.

제18조 본 규정은 관련 기관에 보고하여 등록해야 한다.

사진 3.7 부산화교협회 홈페이지

출처: 부산화교협회: http://kboca.kbchs.org/(검색일: 2020.02.02.)

사진 3.8 부산화교협회

출처: 부산화교협회: http://kboca.kbchs.org/(검색일: 2020.02.02.)

사진 3.9 부산화교협회 로고
출처: 부산화교협회: http://kboca.kbchs.org/(검색일: 2020.02.02.)

부산화교협회의 관할 지역은 부산광역시, 양산시, 김해시, 밀양시, 기장군, 거제시이다. 부산화교협회 관할 역내에는 화교들의 민족교육을 담당하는 부산화교중학교, 부산화교소학교, 부산화교소학교 부속유치원이

사진 3.10 부산화교협회 내부 사진
출처: 저자 촬영

사진 3.11 부산화교협회 내부 사진
출처: 저자 촬영

있으며, 명덕화교신촌(明德华僑新村), 충효촌(忠孝村)이 포함된다.

부산화교협회의 단체회원으로는 청년회(青年会), 부녀회(婦女会), 한의사회(漢醫師会), 지청클럽(志青俱樂部), 매화회(梅花会), 도원회(桃園会), 중우회(中友会), 신화회(新华会)가 있다.

4) 한성화교중학교(汉城华侨中学)

한성화교중학교의 전신(前身)은 광화중학교(光华中学)이다. 1942년에 설립된 광화중학교는 설립 당시 43명의 학생이 재학하였으며, 교사 3명이 교직을 담당하였다. 1944년에는 학생이 120여 명으로 늘었고, 교사는 6명으로 확대되었다. 그러나 1945년 광화중학교 재학생들의 반일활동으로 인해 20여 명의 학생이 체포되었으며, 학교는 6월초에 여름방학에 들어갔다. 그 이후 여러 가지 환경요인으로 인해 광화중학교는 폐교되었다. 현재 서울 서대문구 연희동에 위치한 한성화교중학교는 1948년 9월에 설립되었으며, 현재까지 이미 73년의 역사를 가지고 있다.

한성화교중학교는 화교들의 민족교육을 담당하는 교육의 장으로, 화

사진 3.12 한성화교중학교 휘장
출처: 한성화교중학교: http://www.scs.or.kr/12345/index7.htm(검색일: 2021.02.03.)

교들의 정체성 고양과 안정적 발전에 긍정적인 요인으로 작용하고 있다. 한성화교중학교는 "예의염치(禮義廉恥)"와 "충효근박(忠孝勤朴)"을 학교 교훈(校训)으로 삼아, 화교사회 우수 인재를 양성하고 있다. "예(礼)"는 서로 돕고, 질서와 규칙을 중요시하는 의미이고, "의(义)"는 용감하고 과감해야 하며 책임감을 가지고 희생을 할 수 있어야 한다는 의미이다. "염(廉)"은 절

사진 3.13 한성화교중학교 홈페이지
출처: 한성화교중학교: http://www.scs.or.kr/12345/index7.htm(검색일: 2021.02.03.)

사진 3.14 한성화교중학교 홈페이지
출처: 한성화교중학교: http://www.scs.or.kr/12345/index7.htm(검색일: 2021.02.03.)

약하는 정신을 의미하고 공과 사를 구분해야 한다는 것이고, "치(耻)"는 자립자조의 정신과 진취적인 모습을 의미한다. 또한 "충(忠)"은 최선을 다해 맡은 일에 충실한 것을 의미하고, "효(孝)"는 부모에게 효도한다는 것이다. "근(勤)"은 근면성실을 의미하고, "박(勤)"은 화려하지 않고 소박하고 정직하며 성실해야 한다는 것을 의미한다. 이렇듯 한성화교중학교는 중국의 전통사상을 중심으로 화교 인재를 육성하고 있다.

5) 부산화교중학교(釜山华侨中学)

1951년 6월에 설립한 부산화교중학교는 한국의 4대 화교중학교 중의 하나로서 현재 초량동 차이나타운에 위치해 있다. 부산화교중학교는 화교 인재를 양성하고 중화문화를 보존하고 전승하는 것을 목표로 하고 있으며, 모든 수업을 중국어로 진행하고 있다. 현재 부산화교중학교에는 기타 화교중학교와 마찬가지로 중등부와 고등부가 설치되어 있으며, "예의염치, 충효근박(禮義廉恥, 忠孝勤朴)"을 학교 교훈으로 삼고 있다.

현재 부산화교중학교에는 총 128명의 학생이 재학 중이며 총 15명(전

사진 3.15 부산화교중학교(釜山华侨中学)
출처: 저자 촬영

임 12명, 겸임 3명)의 교사가 재직 중이다.[62] 교재는 대만에서 사용하는 교재와 동일하며, 일주일에 한국어 수업 2~3시간 운영 중이다.

사진 3.16 부산화교중학교(釜山华侨中学) 내부사진
출처: 저자 촬영

62 부산화교협회: http://www.kbchs.org/ren-shi-qiao-zhong/xue-xiao-xian-kuang(검색일: 2021.02.04.)

사진 3.17 부산화교중학교 홈페이지
부산화교중학교: http://www.kbchs.org/index2015(검색일: 2021.02.04.)

6) 부산화교소학교(釜山华侨小学)

부산 초량동 차이나타운에 위치한 부산화교소학교는 부산화교중학교와 인접해있다. 부산화교소학교는 화교 및 해외 시민권, 영주권 소지자에게 초등 교육을 실시하고 있으며, 화교 자녀들에게 모국어와 중화 전통문화를 계승하도록 교육하는 것을 목표로 하고 있다. 부산화교소학교의 교훈(校训)은 기타 화교학교와 마찬가지로 '예의염치(禮義廉恥)'이다.

6 · 25 전쟁 시기에 관련 자료를 분실하여 자세한 자료가 남아 있지 않지만, 청나라 말, 중화민국 초에 개교한 것으로 추정하고 있다. 부산화교소학교는 6 · 25 전쟁 이후 현재의 동구 초량동에 위치해 있으며, 2001년 7월 23일에 교육부로부터 각종 학교로 인가를 받았다.

부산화교소학교는 부산에 거주하고 있는 화교의 역사, 한국화교들의 역사와 맥을 같이 한다. 현재 대만의 교육 시스템과 동일하게 초등 교육과정을 운영하고 있으며, 교재도 모두 대만에서 들여와 사용하고 있다. 다만, 5~6학년부터 별도의 한국어 수업이 있다는 것이 대만과의 차이점이

사진 3.18 부산화교소학교(釜山华侨小学)
출처: 저자 촬영

다. 부산화교소학교는 학생들의 시야를 넓히는 다양한 체험을 위해 2011년부터 대만으로 수학여행을 떠나고 있다. 현재 부산화교소학교 교내 모든 언어는 중국어를 사용한다. 입학하기 전 부산화교소학교 병설 유치원에서 1년 동안 중국어에 대한 기본 이해를 높인 후 소학교에 입학하는 것이 원칙으로 되어 있다.

2012년 1월 기준 부산화교소학교는 총 6학급에 103명의 학생이 재학하고 있다. 각 학년별 1학급이 개설되어 있다. 교직원은 교장 1명과 전임 교원 7명, 겸임 교원 2명 등 총 10명이 근무하고 있으며, 학교 이사회는 이사장 1명과 고문 8명, 부이사장 4명, 상무 이사 11명 등으로 구성되어 있다. 부산화교소학교는 교실, 교무실, 컴퓨터실, 도서실 등의 시설을 갖추고 있다.[63]

63 http://busan.grandculture.net/Contents?local=busan&dataType=01&contents_id=GC04207422(검색일: 2020.02.04.)

사진 3.19 부산화교소학교(釜山华侨小学) 내부사진
출처: 저자 촬영

사진 3.20 부산화교유치원(釜山华侨幼儿园)
출처: 저자 촬영

7) 한국부울경중화총상회(韩国釜蔚庆中华总商会)

2016년에 설립된 한국부울경중화총상회(KBCCCI)는 한국의 세계화상 비즈니스 커뮤니티 단체이다. 한국부울경중화총상회는 한국과 세계 화

사진 3.21 한국부울경중화총상회 홈페이지
출처: 한국부울경중화총상회: http://kbccci.org/(검색일: 2021.02.04.)

상들의 비즈니스 위크를 최초 제안한 단체이며, 한국 화상들의 지역 비즈니스 커뮤니티의 이익을 대변하는 데 핵심적이고 능동적인 역할을 담당하고 있다. 한국부울경중화총상회는 국제적인 통상을 전문적으로 하고 있으며, 한국 내 화상들의 지위 향상을 위한 노력은 물론 2~3세대 화상들의 미래를 위해 적극적으로 투자하고 있는 단체이다.

한국부울경중화총상회는 한국 국내에서 가장 대표적인 화교 비즈니스 단체로, 기업 회원으로 구성된 회원 네트워크를 보유하고 있는 동시에 한국 내 다양한 조직에 가입된 회원을 보유하고 지역기업, 다국적 기업, 정부 연계 기업 및 광범위한 거래의 중소기업을 포함한 화상들의 기업을 대표한다. 그리고 구성원들은 KBCCCI가 비즈니스, 교육, 문화 및 지역사회 개발을 위한 영향력 있는 글로벌 화상비즈니스 네트워크를 개발할 수 있도록 광범위한 지원과 기회를 제공한다.

한국부울경중화총상회는 산업 개발, 경제 번영, 문화 · 교육 활동 및 한국의 지역 사회 서비스 촉진을 목표로 제시하고 있으며, 비즈니스 커뮤니티를 위한 사업, 문화 및 교육을 위한 영향력 있는 글로벌 화상 네트워크를 회원들에게 제공하고자 노력하고 있다.

IV

일본의 차이나타운과 화교단체*

* 제4장은 김혜련 · 리단(2017), “일본 화교 · 화인 민족집거지의 형성과 화교단체의 역할: 고베 난킨마치(南京町) 차이나타운을 중심으로”, 『동북아문화연구』 제51권 제1호, pp. 33-52를 인용함.

중국 역사에서 배출한 화인 디아스포라의 민족집거지(ethnic enclaves)는 흔히 차이나타운으로 불린다. 모국을 떠난 화인 디아스포라는 현지에서 생존하기 위해, 그리고 하루 빨리 현지에 적응하기 위해 차이나타운을 형성한다. 748,290명[1]이라는 중국계 이주민이 정착하고 있는 일본에는 고베 난킨마치(南京町), 요코하마 쥬카가이(中华街), 나가사키 신치쥬카가이(新地中华街) 총 3개의 차이나타운이 조성되어 있다.

요코하마 차이나타운은 150여 년의 역사를 가지고 있는 화인 밀집 거주 지역으로, 다양한 중국식 건축은 물론, 요코하마화교총회(横滨华侨总会)를 비롯한 화교협회, 3중언어교육을 병행하는 화교학교, 관제묘(关帝庙)를 비롯한 화교사찰 등 화인 디아스포라의 문화적 특성을 나타내는 상징기제가 조성되어 있다. 더불어 요코하마 쥬카가이는 연간 약 1,800만 명이 찾는 세계적인 차이나타운으로, 현재 600여 개 점포가 운영되고 있는 유명 관광지이기도 하다.

일본 고베 난킨마치 차이나타운은 오랜 역사를 가지고 있다. 1868년 고베 개항 이후 중국계 이주민이 중국의 식자재를 가지고 일본으로 유입해 난킨시장(南京市场)을 형성하기 시작하였는데, 이것이 오늘날 난킨마치의 전신(前身)이다.[2] 현재 난킨마치 차이나타운은 고베시의 중심가인 산노미야(三宮)에서 서쪽 방향으로 800미터, 북쪽으로 모토마치(元町) 상점가, 동쪽과 남쪽으로 구 거류지 일대를 중심으로 자리 잡고 있다.[3] 고베 난킨마치 차이나타운에는 중국음식점, 중국잡화가게를 비롯한 상점가가 조성

---

1 2016년 12월 기준 일본에는 총 748,290명의 중국계 이주민이 정착하고 있는데, 그 중 고베가 소속되어 있는 효고현(兵庫县)에는 22,727명의 중국 대륙계 이주민과 1,954명의 대만계 이주민이 정착하고 있다. 일본 통계청, http://www.e-stat.go.jp(검색일: 2017.04.03)

2 인민일보해외판 2010년 2월 5일 보도, "日本神户的南京町", http://paper.people.com.cn/rmrbhwb/html/2010-02/05/content_444133.htm(검색일: 2017.04.18)

3 이동현(2009), "일본의 3대 차이나타운 특징과 시사점", 『부산발전포럼』115호, 부산발전연구원, p.40.

되어있을 뿐만 아니라, 네트워크 핵심 축 역할을 담당하는 화교협회, 민족교육의 장 화교학교, 모국으로의 향수를 표출하는 관제묘, 화교의 역사를 이어가는 화교역사박물관 등을 중심으로 구성된 민족집거지가 형성되어 있다.

글로벌시대의 도래와 함께 국제이주는 일반화되어 더는 특정 집단의 공간적 재배치만을 의미하지 않는다. 인간은 늘 새로운 기회나 삶을 찾기 위해, 혹은 빈곤과 충돌, 환경재해로부터 벗어나기 위해 이주를 선택하게 된다.[4] 국제이주는 단순히 물리적 · 공간적 이동만을 의미하는 것이 아니라, 디아스포라(diaspora) 고유의 전통문화와 풍습, 고유의 신앙과 의례체계, 음식과 언어 등 자신의 사회문화적 정체성을 새로운 정착지로 이식한다.[5] 디아스포라는 이러한 문화 이식과정에서 원주민과의 문화접변을 경험하며, 현지적응의 어려움을 극복하는 과정에서 그들의 민족집거지를 형성하게 된다. 고베 난킨마치 차이나타운이 바로 화교 · 화인이 일본 현지에 적응하기 위해 자발적으로 구축한 민족집거지이다.

일본의 차이나타운에는 다양한 화교단체가 구성되어 있다. 이러한 화교단체는 일본 화교 · 화인 사회를 지탱하고 차이나타운을 유지하는 핵심 축 역할을 담당하고 있다. 그들은 화교단체를 통해 정보를 교환하고 응집력을 강화하며, 모국어를 계승하고 전통문화를 보존한다. 아울러 화교단체는 그들의 민족정체성을 유지하고 모국에 대한 향수를 표출하는 정착기제이기도 하다. 화교단체는 차이나타운이라는 민족집거지가 존재하고 발전하는 버팀목이라 할 수 있다.

이러한 맥락에서 제4장에서는 현지조사와 심층면접을 중심으로 일본 3대 차이나타운 중 요코하마 쥬카가이 차이나타운과 고베 난킨마치 차이

4 스티븐 카슬 · 마크 J 밀러, 한국이민학회 옮김(2013), 『이주의 시대』, 서울: 일조각, p. 25.
5 김경학 외(2005), 『귀화의 신화: 해외 인도인의 이주와 정착』, 서울: 경인문화사, p. 1.

나타운의 현황과 차이나타운을 지탱하는 화교단체의 실태, 나아가 화교 · 화인 민족집거지에서 화교단체의 역할을 체계적으로 파악하고자 한다.

1. 디아스포라의 민족집거지

현지 화인 디아스포라 사회에서 흔히 "당인가(唐人街)", "중화가(中华街)"로 불리는 차이나타운은 해외 정착 중국계 이주민이 거주국에서 중국 특색의 거리를 이루어 형성한 민족집거지이다.[6] 차이나타운은 중국 음식점과 한약방, 전통 의상 가게들이 밀집되어 강한 문화적 특색을 나타내는 관광지로도 유명하다. 한국의 인천, 부산 차이나타운을 비롯해 전 세계에는 런던, 파리, 뉴욕, 샌프란시스코, 토론토, 벤쿠버 등 지역에 수많은 차이나타운이 조성되어 있다.

디아스포라는 모국을 떠나 현지 거주국에서 새로운 삶을 영위하는 이주민으로서 현지사회에서 종족적 소수자의 지위를 가진다. 상대적으로 취약한 사회적 자본과 네트워크, 경제적 빈곤으로 인해 디아스포라는 흔히 원주민의 배제 혹은 차별 대상이 되어 사회적 위화감이 형성될 우려가 있다. 이러한 사회적 위화감으로 인해 디아스포라는 거주국 사회에서 주변화 되어 특정 공간에 분리되어 거주하게 된다. 디아스포라는 주류사회로부터 소외된 특정 공간에 집단적으로 거주하면서 민족정체성과 공동체적 의식을 확인하고 유지하며, 의식주행 및 일자리 등 관련 정보를 스스로 공유하게 된다.[7] 따라서 분산된 민족을 의미하는 디아스포라는 현지 주류사회의 차별과 배제에 따른 불안정성을 극복하기 위해 또한 하루 빨리 현지

6 김혜련(2016), "일본 요코하마 차이나타운의 모국 상징기제 연구", 『동북아문화연구』 제46집, 동북아시아문화학회, p. 289.

7 임채완 외(2014), 『코리안 디아스포라의 집단적 기억과 재영토화』, 북코리아, p. 33.

에 적응하기 위하여 상호보완적 네트워크로 구성된 민족집거지를 형성하게 된다.[8]

민족집거지는 디아스포라가 밀집하는 폐쇄적이고 고립된 공간이 아니라, 내부적 문화 다양성이 구체화되는 이주민 공간이다. 마크 아브람슨(Mark Abrahanmson)이 지적했듯이, 민족집거지는 일반적으로 그 민족에 해당되는 인구가 집중 거주하고 있고, 민족 특색을 나타내는 전통문화 상품을 판매하는 상업지역이 형성되어 있으며, 해당 민족 구성원의 사회 · 문화 활동의 중심지가 된다.[9]

민족집거지는 디아스포라가 거주국에서 안정적으로 정착하는데 중요한 역할을 담당한다. 우선, 민족집거지는 디아스포라에게 주변 환경변화에 따른 심리적 충격과 불안감을 완화시키고, 대안적 경제 구조를 부여하며, 문화적 전통 및 관습의 유지를 촉진함으로써 그들의 현지 정착에 중요한 역할을 행사한다.[10] 모국을 떠난 디아스포라는 가족과 친구들과의 이별, 친근한 사회문화적 제도에서의 이탈로 인해 정서적 외상(trauma)을 경험하며 이러한 상실감을 보완하기 위해 상호 작용하는 그들만의 커뮤니티를 조성한다.[11] 민족집거지 형성은 디아스포라가 모국을 이탈한 상실감과 불안감을 치유하기 위한 기제이며, 현지 사회에 적응하기 위한 전략적 선택이다.

다음, 민족집거지는 새로 이주하여 정착한 디아스포라에게 이주로 인한 충격을 완화시키고, 다양한 편의시설을 제공하여 새로운 정착지에 적

---

8 임채완 외(2014), pp. 33-34.

9 Abrahanmson Mark, *Urban Enclaue; Identity and Place in the World, New York: Worth Publishers,* 2005; 임영상 외(2012), "뉴욕 플러싱, 베이사이드 지역의 한인타운", 『코리아타운과 한국문화』, 북코리아, p. 54. 재인용

10 한성미 · 임승빈(2009), "소수민족집단체류지역으로서의 옌벤거리의 장소성 형성 요인 분석", 『한국조경학회지』 36권 6호, 한국조경학회, p. 82.

11 한성미 · 임승빈(2009), pp. 82-83.

응하고 융합하는 기회를 부여한다.[12] 국제이주는 일차적이고 단기적으로 이루어지는 것이 아니라, 이주민 네트워크를 통해 연쇄적이고 장기적으로 발생한다. 따라서 선이주민이 조성한 이러한 민족집거지는 새로 유입된 이주민에게 현지 정착에 필요한 정보를 제공한다. 이주 비용, 과정, 현지에서의 주거, 생활, 일자리 등 정보는 이주 전부터 시작되어 현지에서 안정적으로 정착할 때까지 꾸준히 이어진다.

마지막으로, 민족집거지는 디아스포라가 모국과 고향에 대한 집합적 기억을 간직하고, 모국과의 연계를 유지하며, 고향에 대한 향수를 표출하는 장소이다. 디아스포라는 흔히 현지 거주국에서 모국의 상징과 기표를 조성하여 고향에 대한 향수를 표출한다. 예컨대 화교 · 화인의 경우, 파이러우(牌楼)를 비롯한 중국 특색의 건축을 구축하거나 관제묘, 마조묘를 비롯한 종교신앙의 장을 조성하는 것은 모두 그들이 고향에 대한 상징과 기표를 새로운 생활터전에 구현하는 대표적인 형식이다.

2. 화인 디아스포라의 일본 이주와 정착[13]

중국계 이주민의 일본 유입은 오랜 역사를 가지고 있다. 인도네시아, 말레이시아를 비롯한 동남아 지역의 화인 디아스포라가 경제적인 원인으로 동남아에 유입된 것과는 달리, 일본사회의 화인 디아스포라 이주는 정치적인 원인이 가장 중요한 요인으로 작용한다.

화인 디아스포라의 일본 이주는 진(秦)나라 시기부터 그 역사적 흔적을 찾아볼 수 있다. 역사기록에 의하면, 진시황의 정치적인 박해를 피하기

12 한성미 · 임승빈(2009), p. 83.

13 제4장 제2절은 김혜련(2016), "일본 요코하마 차이나타운의 모국 상징기제 연구", 『동북아문화연구』 제46집, 동북아시아문화학회, pp. 293-294를 인용함.

위해 일부 중국계 이주민이 일본으로 유입하기 시작하였으며, 중국 국내의 정치적 불안정으로 인해 일본으로의 이주민 유입은 꾸준히 이어졌다. 특히 1871년 "중일수호조례(中日修好条规)"를 체결한 이후, 많은 중국 유학생들이 일본으로 유입해 구국운동을 전개하기 시작하였으며, 1930년에 이르러 일본에 정착하고 있는 중국계 이주민은 3만 명에 육박하였다. 그러나 9 · 18사변 이후, 많은 중국계 이주민이 다시 모국으로 귀환하여 화교의 인구규모가 18,000명으로 줄어들었다.[14] 1972년 중일수교 이후, 특히 1978년 중국 개혁개방이후 일본의 해외인재유치정책이 시행되자 중국계 이주민의 일본 유입은 다시 확대되어 많은 중국 고학력 유학생이 일본에 정착하면서 신화교사회를 형성하게 되었다.

일본 정착 화인 디아스포라는 동남아 지역의 화인사회와 다른 적응양상을 나타내고 있다. 우선, 식민지시기 지배자와 현지인 사이의 중개인 역할을 수행하면서 경제적 부를 축적했던 동남아 화인들은 현지 거주국에서 경제적 우위를 차지하고 있는 반면, 일본 화인 디아스포라는 일본 국민보다 취약하거나 비슷한 경제적 위치를 형성하고 있다. 일본의 화인 디아스포라 사회는 제2차세계대전 이후 여전히 일본에 정착한 구화교(老华侨)와 중일수교 이후 새롭게 일본사회로 유입한 신화교(新华侨)로 구분된다. 구화교는 일본정부의 차별정책으로 인해 대부분 식당, 양복점, 이발소 즉 "산바다오(三把刀)"[15]로 불리는 업종을 중심으로 경제활동을 이어왔기에 상대적으로 취약한 경제적 위치에 머물러 있다. 비록 최근 일본에서 태어나고 자란 젊은 세대 구화교가 주류사회로 진출하기 시작하였지만, 괄목할 만한 경제적인 부를 창조하지 못하고 있다. 다른 한편, 중일수교 이후 일본으로 유입한 신화교는 대부분 고학력자로서 교육, IT, 금융 등 전문업종에

14 曾志娟(2008), "日本华人华侨的特点", 『考试周刊』 2008年第8卷, p. 230.

15 산바다오(三把刀)는 화교가 생업으로 삼아온 일을 일컫는 말로, 중화요리의 식도, 옷을 만드는 가위와 이발하는 가위를 가리킨다.

종사하고 있으나 직장인이 대다수이다. 따라서 일본사회에 정착하고 있는 화교 · 화인은 동남아 지역 화인이 거주국에서 경제적 우위를 차지하고 있는 상황과 비교할 때 상대적으로 취약한 경제적 위치에 머물러 있다.

다음, 동남아에 정착하고 있는 화인보다 더욱 다양하고 복잡한 정체성을 나타낸다. 말레이시아와 인도네시아 등 동남아에 정착하고 있는 중국계 이주민은 대부분 이미 거주국 국적을 취득한 화인으로 비록 여전히 민족정체성을 유지하고 있지만, 거주국 국민으로서 강한 국가정체성을 표출하고 있다. 그러나 일본사회의 중국계 이주민은 여전히 모국 국적을 유지하고 있는 화교와 이미 귀화하여 일본 국적을 취득한 화인으로 분리되었다. 더불어 이주시기에 따라 구화교와 신화교로 이분화 된 화교 · 화인 사회도 서로 다른 정체성을 나타낸다. 신화교는 강한 모국지향적인 정체성을 유지하고 있는 반면, 구화교는 다중정체성을 나타내고 있다.

3. 요코하마 쥬카가이 차이나타운과 화교단체[16]

1) 요코하마 차이나타운의 형성

세계 각 지역에 산재해 있는 4,500여만 명의 화인 디아스포라 중 약 73%는 동남아시아 지역에 정착하고 있지만, 아시아에서 가장 큰 규모의 차이나타운은 일본 요코하마에 위치해 있다. 150여 년의 역사를 간직한 요코하마 차이나타운은 일본에 정착하고 있는 화인 디아스포라가 집중 거주하는 민족집거지일 뿐만 아니라, 현재는 일본 주류사회 구성원과 공생

16 제4장 제3절은 김혜련(2016), "일본 요코하마 차이나타운의 모국 상징기제 연구", 『동북아문화연구』 제46집, 동북아시아문화학회, pp. 294-297를 인용함.

하는 다문화공간이기도 하다. 다음은 요코하마 차이나타운의 형성 배경과 특징을 구체적으로 살펴보도록 하겠다.

중국인의 요코하마 이주는 1859년 요코하마 개항 이후 상하이, 홍콩 간의 항로가 개설되면서 본격화되었고, 중국 상인들이 정착하여 가게를 운영하고 화교단체를 구성하면서 점차 차이나타운을 형성하였다. 초기 중국계 이주민들은 일본 정부의 규정에 의해 특정 지역을 벗어날 수 없었으나, 1899년 이후 새로운 법이 제정되면서 이동이 자유로워졌다. 요코하마 쥬카가이 차이나타운은 1923년 관동대지진, 1937년 중일 전쟁이 시작되면서 인구와 규모가 급격하게 축소하였으나, 1972년 중일수교, 대만과의 관계 증진을 계기로 일본인 사이에서 관심이 다시 증가하였고, 차이나타운 또한 예전의 활기를 되찾았다.[17]

요코하마는 1859년에 개항한 항구도시이다. 요코하마 개항 이후, 서구 상인들이 유입되자 중국계 이주민도 그들의 조력자로 일본에 이주하게 되었다. 중국계 이주민은 서구 상인과 일본인을 연결하는 중개자 역할을 담당하면서 차와 비단무역에 종사하였다. 1873년 "일청수호조약(日清修好条约)"이 체결된 이후, 화인의 경제활동이 허용되자 요코하마에 정착하던 화교들은 쥬카가이로 모여들어, 이 지역에서 밀집거주하면서 경제활동을 시작하게 되었다. 1887년 쥬카가이에는 처음으로 중국 특색이 있는 상가가 나타났으며, 그 이후에는 중화요리, 양복점, 이발소 등을 운영하면서 집거지를 형성하였다. 1972년에 요코하마쥬카가이발전협동조합(横滨中华街发展协同组合, 협동조합으로 약칭)이 발족된 이후, 요코하마 차이나타운은 점차 체계적으로 규모를 확장해나갔다.[18] 조화롭고 질서 있는 차이나타운을 조성하기 위해 협동조합은 "쥬카가이헌장(中华街宪章)"을 제정하였다. 즉 "예

17 임채완 외(2014),『화교 디아스포라의 집단적 기억과 재영토화』, 북코리아, p. 39.

18 王小荣(2012), "日本中华街的发展演变及其认知模式研究",『世界建筑』2012年第7期, p. 114.

의를 갖춰 사람을 대하는 차이나타운", "창의적인 차이나타운", "이익보다 정의를 추구하는 차이나타운", "안전한 차이나타운", "깨끗하고 아름다운 차이나타운", "선린우호의 차이나타운"[19] 등 헌장내용을 제정함으로써 이주민이 주류사회 구성원과 함께 공생할 수 있는 이주민 공간을 조성하고자 힘을 모으고 있다.

1972년 중일수교 이후, 차이나타운의 문화적 특성이 한층 더 강화되고, 조화롭고 질서 있는 차이나타운을 조성하고자 하는 협동조합의 노력 끝에 쥬카가이는 일본사회에서 관광명소로 주목받기 시작하였다. 기존에 "당인가(唐人街)"로 불리던 차이나타운은 "난킨마치(南京町)"로 이름을 변경하였다가 1955년 선린문(善邻门)이 구축된 이후 "쥬카가이"로 불리기 시작하였다. 오늘의 차이나타운에는 화교 · 화인 뿐 아니라, 일본인들도 함께 공생함으로써 조화로운 다문화공간을 형성하였다. 중국 전통문화를 기반으로 한 요코하마 차이나타운은 연간 1,800만명의 관광객이 찾는 유명 관광지로 도쿄 디즈니랜드보다 방문객이 많다.

2) 요코하마 차이나타운의 다문화공생

요코하마 쥬카가이 차이나타운은 도쿄 남부에 있는 요코하마 항에 위치해 있으며, 약 150여 년의 역사를 가지고 있다. 요코하마 차이나타운 내 거주인구는 6,000여 명으로, 이 중 3,000~4,000여 명이 화교 · 화인이며[20], 중국 광둥 출신이 주류를 이룬다. 2010년 기준 협동조합의 통계에 따르면, 차이나타운이 입지하고 있는 요코하마 야마시타 지역에는 요리 · 잡

---

19 横滨中华街: http://www.chinatown.or.jp/(검색일: 2015.11.06.)

20 이동현(2009), "일본의 3대 차이나타운 특징과 시사점", 『부산발전포럼』 제115호, p. 38.

사진 4.1 요코하마 쥬카가이 차이나타운
출처: 저자 촬영

사진 4.2 요코하마 쥬카가이 차이나타운
출처: 저자 촬영

화 · 선물 · 클리닝 · 구두 등 총 620개의 점포가 운영되고 있다.[21] 그 중 중국 요리점이 226개소, 요리 · 잡화 · 공예점 119개소, 식료품점 103개소, 서비스업 89개소, 기타 음식점 83개소가 입점해있다.[22] 아시아에서 가장 큰 규모의 차이나타운으로서 요코하마 쥬카가이는 아래와 같은 특징을 나타내고 있다.

첫째, 요코하마 차이나타운은 화교 · 화인들이 거주국 일본에서 형성한 생활공간일 뿐만 아니라, 그들의 다양한 경제활동으로 조성된 관광명소이기도 하다. 일본 내 중화요리점이 일반화 되지 못한 시기 차이나타운의 중국 요리는 일본인 사이에서 별미로 인기를 모으게 되었으며, 이를 계기로 요코하마 차이나타운이 활성화되었다. 요코하마 차이나타운이 천만 명이 넘는 규모의 관광객을 유치할 수 있는 것은 아래와 같은 원인으로부터 비롯된다. 우선, 차이나타운 내 중국 식당은 특성 있는 메뉴를 통해 방문객들에게 특별한 서비스를 제공하고 있다. 많은 중화요리점이 한 지역에 집중되어 있음에도 불구하고 각 식당마다 독특한 메뉴와 조미료를 개발함으로써 차별화를 모색하고 있다. 예컨대 광둥 · 상하이 · 스촨(四川)요리 등 중국 지역 특성에 따라 차별화된 메뉴를 제공함으로써 관광객을 유치하고 있다. 다음, 적극적인 홍보와 중국 분위기를 조성하는 등 다양한 마케팅 전략을 활용하고 있다. 일례로 TV 방송 등을 통해 차이나타운의 요리를 소개함으로써 홍보효과를 극대화시키고 있다. 또한 중화요리 뿐만 아니라, 세계 각 국의 요리들을 제공함으로써 차이나타운에서 중화문화는 물론 이국적인 분위기를 경험할 수 있다는 인식을 부각시켰다.[23]

둘째, 민족집거지로서의 특성을 유지하기 위해 일본 정부는 화교의

---

21 이동현(2009), pp. 38-39.

22 横滨中华街发展会协同组合: http://www.chinatown.or.jp/guide/q_and_a/(검색일: 2015.11.10.)

23 이동현(2009), pp. 38-40.

사진 4.3 요코하마 쥬카가이 차이나타운 상가
출처: 저자 촬영

거주를 보장하고 지원정책을 마련하고 있다. 쥬카가이가 아시아에서 가장 큰 차이나타운으로 성장할 수 있었던 것은 화교의 거주 권리 보장 및 장려, 적극적이고 다양한 화교 엘리트 지원 정책, 중국 전통문화 보존 및 계승 등에 기인하고 있다. 1970년대 수교 이래, 일본은 화교들이 요코하마에서 거주하는 권리를 보장함으로써 그들의 투자와 경제활동을 활성화하였으며, 중국 지식인들이 일본으로 유학하는 경우 장학금과 창업자금을 제공하고, 나아가 영주권을 부여하는 등 다양한 혜택을 통해 화교의 경제실력을 육성시켰다.[24] 따라서 1970년대 2만 명에 불과하던 화교 · 화인이 72만 여명으로 증가하였다.

셋째, 요코하마 차이나타운은 보수적이고 폐쇄된 민족집거지가 아니라, 화교 · 화인이 주류사회 구성원과 공생하는 다문화공간으로 성장하고 있다. 요코하마 차이나타운에서 운영되고 있는 상가 중, 중국 특색이 강한 식당, 잡화, 의류 매장 등은 화교 · 화인이 경영하고 있는 반면, 이외의 상가는 일본인 혹은 기타 외국인이 경영하고 있다. 차이나타운이 활성화

24 이동현(2009), p. 39.

될수록 중국인 상가 뿐 아니라, 일본인이 경영하는 상가도 매출이 증가하여 지역경제 활성화 및 일자리 창출에 기여하고 있다. 차이나타운에는 일본에서 태어나고 성장한 구화교는 물론, 1972년 중일수교 이후 대규모로 유입된 신화교, 그리고 일본사회 주류 구성원인 일본인도 함께 정착하고 있다.

3) 요코하마의 화교단체

(1) 요코하마화교총회(横滨华侨总会)

화교단체는 일본 화인 디아스포라가 공동체를 형성하고 민족정체성을 유지하는데 중요한 역할을 담당한다. 화인 디아스포라는 화교단체를 중심으로 복합적인 네트워크를 형성하고 이를 통하여 강력한 민족 응집력을 형성하고 있다. 일본 화인 디아스포라 특히 차이나타운에 거주하고 있는 화교 · 화인은 하나 이상의 단체에 가입하여 회원으로서 우의를 다지고 정보를 주고받으며 유대를 강화하고 있다. 일본의 화교단체는 화교 · 화인의 출진지역을 중심으로 한 동향회(광동회관, 복건회관 등), 일본중화총상회를 비롯한 경제인 네트워크, 그리고 일본 정착 화교 · 화인의 친목을 도모하고 결속력을 강화하기 위한 화교총회 등 다양한 형식의 단체가 구축되어 있다. 그 중에서도 가장 대표적인 화교단체는 화교 · 화인의 권익을 보장하고, 네트워크를 강화하기 위해 설립된 화교총회(华侨总会)이다.[25]

화교총회는 일본에 정착하고 있는 화교 · 화인의 유대를 강화하고, 민족정체성을 유지하며, 전통문화를 보존 계승하기 위해 설립된 화교단체이다. 화교총회는 화교학교와 마찬가지로 대륙계와 대만계로 이분화 되었다. 비록 화교총회는 대륙계와 대만계로 나누어져 운영되고 있으나, 설립

---

25 임채완 외(2019), 『화인 디아스포라의 다중정체성과 모국관계』, 북코리아, p. 90.

목적은 모두 화교 · 화인들의 민족정체성을 유지하고 결속력을 강화하기 위한 것이다. 따라서 오랜 이주역사를 거쳐 화교총회의 회원은 이미 국적에 상관없이 화교총회에서 함께 어울려 공존하고 있다.

① 대만계 요코하마화교총회

대만계 요코하마화교총회(横滨华侨总会)는 요코하마 쥬카가이 차이나타운에 위치해 있으며, 관제묘와 요코하마중화학원과 인접해 있다. 대만계 요코하마화교총회는 오랜 역사를 가지고 있다. 1859년 요코하마 개항 이후부터 대만 출신 화교 · 화인이 그들만의 단체를 구축하기 시작하였으며, 1946년에 공식적으로 대만계 요코하마화교총회를 설립하였다.

대만계 요코하마화교총회는 일본 가나가와현(神奈川县)에 거주하는 대만계 화교 · 화인의 친목을 도모하고 그들의 합법적 권인을 보고하기 위해 설립되었다. 따라서 대만계 요코하마화교총회(横滨华侨总会)는 화교 · 화인의 응집력을 강화하기 위해 해마다 정기총회를 개최하여 회원들의 결속력

사진 4.4 대만계 요코하마화교총회
출처: 저자 촬영

을 강화하고 있을 뿐만 아니라, 명절축제를 기획하고, 태극권 · 전통요리 강습실 등을 운영하면서 회원들의 네트워크를 강화하고 있다.

더불어 요코하마화교총회는 화교 · 화인에게 대만 비자 신청 관련 서류, 대만 관련 정보를 제공하는 등 모국과의 연대를 강화하는 연결고리 역할을 담당하고 있다. 요코하마화교총회는 현지 대만계 화교 · 화인을 대변하는 화교단체이며, 회원들의 네트워크를 강화하기 위해 쌍십절(双十节), 중추절축제, 춘절축제 등을 개최하고 있다.

② 대륙계 요코하마화교총회

대만계 요코하마화교총회와 마찬가지로 대륙계 요코하마총회도 쥬카가이 차이나타운에 자리잡고 있다. 대륙계 요코하마화교총회의 설립목적은 현지 화교의 권익을 보장하고 화교사회의 단결을 강화하며, 중화문화를 보존 · 계승하는 동시에 중일 우호관계를 추진하는 것이다. 요코하마화교총회 회원은 가나가와현(神奈川県)에 거주하는 화교 · 화인 및 그들의 가족이 포함된다.

대륙계 요코하마화교총회의 최고 의결기관은 요코하마화교총회 회원대표대회(会员代表大会)이며, 현재 460명의 회원대표로 구성되었다. 대표대회는 2년에 한번 씩 이사회 구성원을 선출한다. 회원대표는 13개의 단체 즉 요코하마야마테중화학교(横滨山手中华学校), 요코하마야마데중화학교 학부모회(横滨山手中华学校家长会), 요코하마화교부녀회(横滨华侨妇女会), 광동요명학동향회(广東要明鶴同郷会), 요코하마복건동향회(横滨福建同乡会), 요코하마화교상공회(横滨华侨商公会), 도쿄요코하마화교요리사회관(京滨华厨会所), 요코하마화교화인연우회(横滨华侨华人联友会), 광동동향회(广东同乡会), 요코하마화교소홍지회(横滨华侨小红之会), 황하여성합창단(黄河女声合唱团), 요코하마중화청년회(横滨中华青年会)이다.

대륙계 요코하마화교총회 이사회 구성원은 2년에 한 번씩 개최되는 회원대표대회에서 선출된다. 요코하마화교총회 이사회에는 회장, 부회장, 의장, 부의장, 상무이사, 이사, 감사 등 직무가 마련되어 있으며, 일상 업무는 사무국 국장이 담당하고 처리한다.

대륙계 요코하마화교총회의 주요 업무는 화교들의 일상생활 및 법률 관련 문제를 처리할 수 있도록 협조하는 것이다. 예컨대 여권 신청, 법률, 등기, 상속, 혼인, 출생, 사망, 귀화, 체류자격 등 업무를 처리한다. 또한 요코하마화교총회는 화교들의 중국 여행 등 여행 업무를 담당하고 있으며, 기타 지역 및 국가의 여행, 비자업무도 대행하고 있다.

마지막으로 요코하마화교총회는 중국 국내에 있는 가족들의 일본 방문 관련 서류대행도 담당하고 있다. 즉 모국에 있는 가족이 일본을 방문할 경우 비자업무를 대행하며 사유서, 신원보증서, 일정표, 명부 등 일본어 서류 업무를 대행한다.

사진 4.5 대륙계 요코하마화교총회 홈페이지

출처: 대륙계 요코하마화교총회: https://www.yokohama-chinese.gr.jp/(검색일: 2021.02.15)

사진 4.6 대륙계 요코하마화교총회
출처: 저자 촬영

(2) 동향회(同乡会)

백여 년의 이주역사를 통해 일본에 안정적으로 정착하고 있는 화인 디아스포라는 현지 거주국에서 화교총회를 비롯한 화교단체 이외에도 동향회, 부녀회, 청년회, 요리협회 등 다양한 단체를 조성하여 그들만의 민족 공동체를 구축하고 있다. 다음은 요코하마의 대표적 화교단체인 동향회를 세부적으로 살펴보고자 한다.

① 일본복건평담동향회(日本福建平潭同乡会)

일본복건평담동향회는 2012년 9월에 설립한 화교단체이며, 2013년 2월 일본정부로부터 일반사단법인으로 인정받았다. 일본복건평담동향회의 본부는 요코하마에 설립되어 있으며, 회원은 일본에 정착하고 있는 중국 복건성 평담지역 출신 화교 · 화인 및 그들의 가족이다.

일본복건평담동향회는 “단결, 상조, 협력, 공동발전(团结, 互助, 携手, 共进)”을 이념으로 삼아 일본 화교 · 화인 사회와 고향의 연결고리 역할을 하고 있다. 일본복건평담동향회의 취지는 평담 출신 화교 · 화인의 친목을 도모하고, 상부상조하며, 동향인의 힘을 합쳐 경제적 이익을 창출하는 것이다. 또한 동향인들의 복지를 강화하고 사회공공이익에 기여할 수 있도록 노력하는 것이 동향회의 설립 목적이다.

동향회는 정기적으로 회원대회를 개최해 평담 출신 화교 · 화인의 친목을 도모하고, 정보 교류를 추진하고 있으며, 또한 일본 정착 화교 · 화인

사진 4.7 일본복건평담동향회(日本福建平潭同乡会)
출처: 저자 촬영

사진 4.8 일본복건평담동향회 홈페이지
출처: 日本福建平潭同乡会. http://pingtan-jp.com/(검색일: 2021.02.23)

이 현지에 안정적으로 정착할 수 있도록 지원하는 것이 동향회 역할 중의 하나이다. 일본복건평담동향회는 일본 현지 상업단체와 협력하여 다양한 경제 · 문화행사를 기획함으로써 화교 · 화인들이 새로운 사업에 진출할 수 있도록 지원하고 있으며, 이를 기반으로 중일경제무역을 추진하고 문화교류를 활성화시키고 있다.

② 광동요명학동향회(广东要明鹤同乡会)

요코하마에 위치한 또 하나의 대표적 화교 · 화인 동향회는 광동요명학동향회이다. 광동요명학동향회는 광동 고명(高明), 고요(高要), 학산(鶴山) 출신 화교 · 화인이 설립한 화교단체로 현재까지 백여년의 역사를 가지고 있다.

동향회의 관련 자료에 따르면, 1917년 요코하마에 정착한 고요, 고명 출신 광동 화교 · 화인들이 친목을 도모하기 위해 자발적으로 "요명동향회(要明同乡会)"를 설립하였는데, 이것이 바로 현재 광동요명학동향회의 전

사진 4.9 광동요명학동향회(广东要明鹤同乡会)

출처: 저자 촬영

신이다. 1920년 요코하마 야마시다마치 151번지에 위치한 요명동향회 회관 건물이 준공되어 동향회의 기반이 마련되었으나 1923년 관동대지진으로 인해 완전히 파괴되었다. 1939년 광동 학산 출신 화교 · 화인들이 동향회에 가입해 명칭이 공식적으로 광동요명학동향회로 변경되었다.

그리고 1952년 2월 광동요명학동향회 성립대회가 개최되어 정부로부터 인정받은 사회단체로 자리 잡았다. 동향회 성립대회에서는 동향회 회칙을 발표하였으며, 공식적으로 회장, 부회장을 선출하였다. 또한 "동향인 사이의 친목을 도모하고, 정보를 교류하며, 상부상조하여 응집력을 강화하는 것"을 동향회의 취지로 지정하였다. 1952년 동향회 성립대회 개최 당시 광동요명학동향회는 130명 정도의 회원이 참여하고 있었다.

2006년 12월까지 광동요명학동향회의 회원은 총 375명이다. 그 중 남성이 186명, 여성이 189명이며, 출신지역별로 고명현 출신 77가구, 고요현 출신 1가구, 학산현 출신 7가구이다. 동향회에서 회원들이 종사하는 업종을 통계한 결과 2002년 기준 음식점을 운영하는 회원이 30명으로 가장 큰 비율을 차지하고 있었다. 광동요명학동향회 회원들은 대부분 광동요리를 중심으로 식당을 운영하는 것으로 조사되었다.[26]

(3) 요코하마화교부녀회(横滨华侨妇女会)

1953년에 설립된 요코하마화교부녀회는 요코하마 현지 화교 여성들이 자발적으로 설립한 화교 여성단체이다. 요코하마화교부녀회는 주로 화교·화인의 응집력을 강화하고, 친목을 도모하며, 중일 양국의 우호관계를 촉진하는 동시에 차세대 화교·화인의 교육 사업에 적극적으로 지원하고자 설립한 단체이다.

2019년 기준 부녀회의 회원은 100여 명으로, 80대 이상 회원이 16명, 70대 회원이 58명, 60대 회원이 12명, 50대 회원이 9명, 50대 이하 회원이 7명으로 70대 회원이 주축이 되어 부녀회 행사에 참여하고 있다. 현재 부녀회 회원 중 70대 이상 회원이 전체 회원의 75%를 차지하고 있기에 향후 젊은 세대의 회원을 유치하는 것이 새로운 과제로 떠오르고 있다.

현재 부녀회 회관 건물은 2001년 부녀회 회원과 요코하마 화교·화인들이 모금하여 건축한 3층 건물이다. 현재 1층은 보육원을 운영하고 있고, 2층은 부녀회 사무실이 있으며, 회의실은 대외로 개방하여 요리교실로 사용되거나 다양한 행사를 개최하고 있다. 3층 공간도 대외로 개방하고 있는데 합창·댄스교실, 태극권, 강연실, 중국민족전통무용교실 등 다양한 문화행사를 개최하는 용도로 사용되고 있다. 요코하마화교부녀회는 현지 화교·화인 여성들이 중국문화를 경험하고 다양한 전통행사에 참여

---

26 "「广東要明鶴岡郷会」について", https://iss.ndl.go.jp/books/R000000004-I8700751-00?ar=4e1f(검색일: 2021.02.16.)

사진 4.10 요코하마화교부녀회
출처: 요코하마화교부녀회: http://funuhui.main.jp/index.html(검색일: 2021.02.15)

할 수 있는 기회를 제공하는 공간으로 발전하였다.

요코하마화교부녀회는 "경조애향, 단결협조, 중화문화 계승, 온고지신, 낙지생근(敬祖爱乡, 团结互助, 继承中华文化, 温故知新, 落叶生根)"을 부녀회의 취지로 삼고 있다. 즉 조상을 공경하고 고향을 사랑하며, 단결하고 협조하되, 중화문화를 계승하며, 전통문화를 익히는 동시에 일본 현지의 새로운 문화를 적극적으로 포용하여 현지에 뿌리를 내린다는 것이다.

요코하마화교부녀회는 전통문화 관련 다양한 행사를 개최하고 있을 뿐만 아니라, 차세대 화인 디아스포라의 교육사업도 적극 후원하고 있다. 예컨대 부녀회는 요코하마우실교육(横浜優実教育)의 쥬카가이교실(中华街教室)을 직접 후원하고 있다. 우실교육(優実教育)은 2014년에 창설한 국제교육기업으로 본사는 베이징에 설립되어 있으며, 해외에 정착하고 있는 화인 디아스포라의 중국어 교육 및 문화교류 사업을 추진하고 있다. 현재 요코하마화교부녀회는 요코하마에 위치한 우실교육의 쥬카가이교실을 후원함으로써 화교 · 화인의 중국어 교육을 강화하고 있다. 쥬카가이교실은 정기적으로 청소년 및 성인 화교 · 화인을 대상으로 중국어 강좌를 개설하고 있으며, 중국인 선생님이 중국어로 수업을 하는 아동회화반을 비롯한 전통문화수업도 운영하고 있다.

(4) 일본복건경제문화촉진회(日本福建经济文化促进会)

2011년 6월에 설립된 일본복건경제문화촉진회(이하 촉진회로 약칭)는 일본의 대표적인 화교 · 화인 경제문화단체이다. 촉진회 본사는 도쿄에 설립되어 있고 요코하마, 관서(關西), 지바(千葉)에 분회가 설립되어 있으며, 회원이 700명에 이른다.

촉진회는 자발적으로 구성된 비영리단체로 회원 사이의 친목을 도모하고 교류를 활성화하며, 일본과 중국 복건성의 경제 및 문화교류를 촉진하기 위해 설립한 단체이다. 촉진회 회원은 아래와 같은 요건을 충족해야 한다. 즉 일본에 정착하고 있는 복건성 출신 화교 · 화인이거나, 복건성에서 생활 경험이 있는 일본 화교 · 화인, 복건성 발전에 기여할 수 있거나 복건성과 일본의 교류에 관심 있는 화교 · 화인은 촉진회 회원으로 가입할 수 있다.

촉진회는 해마다 다양한 행사를 개최하고 있는데 주요한 행사 내용은 아래와 같다. 회원 간의 친목을 도모하고 교류를 활성화하며, 회원과 복건성의 교류를 촉진한다. 또한 복건성과 일본의 협력을 강화하고 일본 현지인에게 복건성의 사회, 문화, 풍습, 경제, 과학기술 등을 소개한다. 더불어 복건성의 발전 전략을 논의하고 고향 발전에 적극적으로 참여하며, 회원들이 그들의 고향 복건성을 방문할 수 있도록 프로그램을 기획하고, 복건성 발전에 기여할 수 있는 인재를 발굴한다. 다른 한편 복건성 사람들이

사진 4.11 일본복건경제문화촉진회
출처: 일본복건경제문화촉진회(日本福建经济文化促进会): http://fjeca.org/(검색일: 2021.02.15)

일본을 방문할 수 있도록 기회를 제공하고, 회원의 정당한 권익을 보호하며 다양한 영역에서 발전할 수 있도록 지원한다.

촉진회는 회원대회, 이사회, 사무국으로 구성되며, 이사회는 회장 1명, 다수의 부회장, 이사 및 감사로 구성된다. 촉진회의 회장과 이사의 임기는 모두 2년이며 연임할 수 있다. 현재 촉진회의 회장은 우치룽(吴启龙)며, 18명의 부회장이 다양한 업무를 분담하고 있다.

4. 고베 난킨마치 차이나타운과 화교단체

일본사회에서 차이나타운이 주목받기 시작한 것은 1970년대부터이다. 1972년 중 · 일 양국의 국교정상화가 실현된 이후, 중국문화에 대한 관심이 고조되자 일본인들은 일본 속의 "중국인 거리"에 관심을 가지기 시작하였다. 고베 난킨마치 차이나타운은 요코하마 쥬카가이 다음으로 일본 국내에서 대표적인 차이나타운이다. 다음은 화교 · 화인의 고베 이주 역사와 난킨마치 차이나타운의 실태를 살펴보고자 한다.

1) 화교 · 화인의 고베 이주 역사

화교 · 화인에게 있어서 고베는 아주 특별한 역사적 의미를 가지고 있다. 고베에는 화교 · 화인의 민족집거지가 조성되었을 뿐만 아니라, 역사적으로 혁명의 근거지이기도 하다. 1895년부터 1924년까지 손중산(孙中山)은 일본에 체류하고 있는 동안 18차례나 고베를 방문하였는데, 1924년에는 고베에서 "대아시아주의(大亚洲主义)" 연설을 하여 중국 나아가 세계에 큰 영향을 미쳤다. 현재 고베에는 일본에서 유일한 손문기념관이 설립되어 있다. 따라서 고베는 일본 화교 · 화인 이주사에서 중요한 역사적 의미를 가지는 도시이기도 하다.

중국계 이주민이 고베에 진출한 시기는 에도말기이며[27], 특히 1868년 개항 이후 점차 많은 중국인이 고베에 유입되기 시작하였다. 최초로 고베에 유입되어 정착한 중국계 이주민은 나가사키로부터 넘어 온 십여 명의 중국인이다.[28] 관련 기록에 의하면, 1869년에 이르러 고베에는 500여 명의 중국계 이주민이 정착하고 있었다.[29] 그들은 대부분 중국 복건, 광동, 절강, 강소, 강서 출신의 중국 상인이며, 초기에는 유럽 상인과 협력하여 경제활동을 이어갔지만, 점차 독자적으로 가게를 운영하는 상인이 늘어났다.

고베의 경제무역 활동이 점차 활발해지자 중국계 이주민이 외국인거주지 서쪽에 위치한 난킨마치 지역에 밀집 거주하기 시작하였다. 1874년

---

27 이동현(2009), p. 40.

28 张玉玲(2008), 『华侨文化の創出とアイデンティティ』, ユニテ, p. 26.

29 蒋海波(2007), "旅日华商团体的早期历史及其法律地位: 以神户三江商业会为例的考察", 『华侨华人历史研究』 2007年第4期, 中国华侨华人历史研究所, pp. 39-40.

고베에 정착한 중국계 이주민은 650명에 이르렀으며, 1893년에는 1,060명에 달했다.[30] 그들은 고베에 정착하면서 일상생활에서 필요한 병원, 묘지를 건설하기 시작하였으며, 출신지를 중심으로 동향회 방(帮)을 구성하였다. 동향회를 중심으로 한 화교 · 화인의 네트워크가 활발해짐에 따라 고베로 유입된 화교 · 화인의 규모는 점차 확대되어 1920~1930년대에는 6,200여 명에 이르렀다.[31] 난킨마치는 고베 화교 · 화인사회의 발원지라고 말할 수 있다.

요코하마와 나가사키 차이나타운이 일본에서 쥬카가이(中华街)로 불리는 것과 달리, 고베 차이나타운은 유일하게 중국 도시 난징(南京)을 연상하게 하는 난킨마치(南京町)로 불린다. 그 이유는 명나라시기 중국에서 일본으로 유입된 물품이 큰 사랑을 받았는데, 당시 난징은 중국에서도 유명한 도시일 뿐만 아니라, 일본으로 수입된 물품이 대부분 난징에서 유입되었다. 따라서 일본사람들은 중국산 물품을 난징물품(南京物)으로 불렀고, 중국사람을 난징사람(南京人)이라고 부르기도 하였다. 이것이 고베 난킨마치 이름의 유래이다.[32]

2) 차이나타운의 지역적 상징: 난킨마치

오랜 역사를 가지고 있는 난킨마치는 제2차 세계대전 당시 거의 파괴되었으나, 1975년 주변 일대가 구획 정리되면서 변모되기 시작하였다. 또한 중일 국교 정상화 이후 정치적 분쟁에서 벗어난 화교 · 화인은 적극적

---

30 张玉玲(2008), p. 26.

31 郭玉聪(2005), "日本华侨华人二´三代的民族认同管窥: 以神户的台湾籍华侨华人为例", 『世界民族』 2005年第2期, 厦门大学东南亚研究中心, p. 41.

32 인민일보해외판 2010년 2월 5일 보도, "日本神户的南京町", http://paper.people.com.cn/rmrb-hwb/html/2010-02/05/content_444133.htm(검색일: 2017.04.18.)

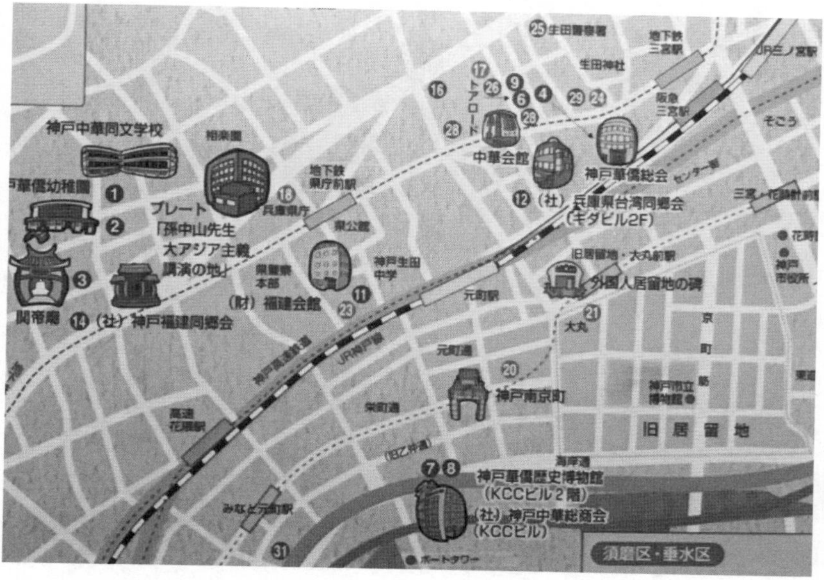

그림 4.1 고베 난킨마치 차이나타운
출처: 고베화교역사박물관에서 저자 촬영

으로 난킨마치를 복구하기 시작하였다. 40여 년의 발전 끝에 난킨마치는 고베 차이나타운의 가장 대표적인 지역적 상징으로 부상했으며, 일본인과 외국인 관광객이 찾는 유명한 관광지로 주목받고 있다.

난킨마치는 모토마치도리와 사카에마치도리 사이에 위치해 있는데, 남북으로는 약 110미터, 동서로는 약 270미터이다. 난킨마치의 규모는 36,000m^3에 이르며, 688명이 거주하고 있다.[33] 현재 난킨마치에는 총 87개의 가게가 입점 되어 있다. 그 중 음식점이 32개, 다과 및 식자재 가게가 33개, 취미 및 잡화 가게 7개, 기타 가게가 15개이다.[34] 난킨마치에는 중국 음식점, 중국 식자재 가게가 큰 비중을 차지하지만, 양식 · 일본요리 등 가

33 이동현(2009), p. 40.

34 南京町, http://www.nankinmachi.or.jp/(검색일: 2017.04.20.)

사진 4.12 고베 난킨마치 차이나타운
출처: 저자 촬영

게도 운영되고 있어 다양한 문화가 어우러진 공간으로 발전하였다.

난킨마치에는 중국적 특색을 나타내는 파이러우(牌楼)[35], 사자상, 중국풍 전화박스 등이 조성되어 있다. 난킨마치는 중앙광장을 기준으로 십자 모양으로 되어 있는데, 동쪽에는 장안문(长安门), 서쪽에는 시안문(西安门), 남쪽에는 하이룽문(海龙门)이 구축되어 있다. 난킨마치의 파이러우 중에 하이룽문이 1982년에 준공되어 가장 오랜 역사를 가지고 있으며, 장안문이 1985년, 시안문이 2005년에 준공되었다. 파이러우는 난킨마치를 상징하는 대표적 중국식 건축이다. 파이러우는 난킨마치 동서남쪽의 입구를 의미하는데, 북쪽은 파이러우가 따로 조성되어 있지 않고 모토마치 상점가 모토마치도 리쇼텐가이와 연결되어 있다.

35 파이러우(牌楼, 패루)는 대표적인 중국전통 건축으로, 주나라시기부터 현재까지 수천 년의 역사를 가지고 있다. 김혜련(2016), p. 297.

사진 4.13 난킨마치의 돌사자 **사진 4.14** 난킨마치 안내도

출처: 저자 촬영

난킨마치에는 중국풍 건축, 중국 음식점이 있을 뿐만 아니라, 중국 특색의 전통 문화를 경험할 수 있는 축제가 정기적으로 개최되고 있다. 난킨마치는 1987년부터 해마다 중국 전통 명절을 기념하는 춘절축제(春节祭), 중추축제(中秋祭)를 개최하고 있다. 축제기간에는 중국식 등롱(灯笼)으로 거리를 장식해 명절 분위기를 조성하고 있으며, 용춤(舞龙) · 사자춤(舞狮) 등 중국식 놀이문화를 선보여 모국에 대한 향수를 표출하고 있다. 난킨마치는 일본 화교 · 화인의 경제활동 중심지인 동시에 그들의 전통문화를 현지에 재현한 이주민 공간이다. 고베 화교 · 화인에게 있어서 난킨마치는 고향에 대한 그리움과 향수를 표출할 수 있는 제2의 고향이다.

연구자: 고베 차이나타운에서 가장 상징적인 것은 무엇인가요?

참여자 8: 당연히 난킨마치이죠. 고베에서 중화가(中华街)라고 하면 바로 난킨마치가 떠오를 것입니다. 화교도 그렇고 일본사람도 마찬가지입니다. 중화가라면 바로 난킨마치를 생각하죠. 우리사이에서 난킨마치는 하나의 상징입니다. 화교를 대표하는 상징 … 화교도 고향음식 먹고 싶거나 명절에는 꼭 난킨마치로 와요.

참여자 1: 화교사회에서 난킨마치는 중요한 역할을 한다고 생각해요. 차이나타운이라면 바로 난킨마치를 연상할 수 있을 만큼 난킨마치의 위상이 올라간 것입니다. 화교들에게 가장 친근한 장소가 바로 난킨마치입니다.

인터뷰에서 나타나듯이 난킨마치는 이미 고베 화교 · 화인사회, 그리고 고베 차이나타운을 대표하는 지역적 상징으로 부상하였다. 난킨마치

사진 4.15 난킨마치의 파이러우(牌楼)
출처: 저자 촬영

사진 4.16 난킨마치 차이나타운 상가
출처: 저자 촬영

가 화교 · 화인의 경제중심지, 지역적 상징으로 발전할 수 있는 것은 난킨마치상점가진흥조합(南京町商店街振兴组合)이라는 단체가 있었기 때문이다. 1977년에 설립된 난킨마치상점가진흥조합은 현재의 난킨마치를 조성하는데 주도적인 역할을 담당하였다. 난킨마치는 난킨마치상점가진흥조합이 유지하고 관리하는 상점가로, 상점가와 관련된 제반 업무를 관리하고 있다. 이 조합은 단순히 화교가 운영하는 단체가 아니라, 난킨마치에 입점한 일본인 업주와 화교 업주가 공동으로 관리하고 있다. 난킨마치상점가진흥조합의 주도 하에 난킨마치에는 중국 특색의 파이러우와 정자, 사자상, 12지간 석상(12生肖像)이 설치되었으며, 또한 이 조합의 기획으로 난킨마치를 널리 알릴 수 있는 춘절축제, 중추축제를 개최하였다.[36] 난킨마치가 고베의 유명 관광지로 발전하고, 차이나타운의 지역적 상징으로 부상할 수 있는 것은 난킨마치상점가진흥조합의 자발적이고 주도적인 역할을 떠날 수 없다.

사진 4.17 난킨마치의 12지간(十二生肖) 조각상
출처: 저자 촬영

36 이정희(2014), "일본의 차이나타운 연구: 고베 난킹마치를 중심으로", 『중앙사론』 40집, 한국중앙사학회, p.301.

3) 고베 난킨마치 차이나타운의 화교단체

일본 3대 차이나타운 중에서 고베 난킨마치 차이나타운은 요코하마 쥬카가이에 비해 규모가 작지만, 다양한 유형의 화교단체가 조성되어 응집력 강한 민족공동체를 구축한 것이 특징이다.

고베 난킨마치 차이나타운은 화교 · 화인의 민족 특색과 현지문화가 융합된 다문화 공간이다. 고베에 화교 · 화인의 민족집거지가 조성될 수 있는 것은 그들이 자발적으로 다양한 화교단체를 구성해 응집력을 강화하고 전통문화를 계승하였기 때문이다. 다음은 고베 난킨마치 차이나타운을 조성한 주요 화교단체의 현황을 검토하고자 한다.

(1) 네트워크의 핵심 축: 화교협회

세계 각 국에 흩어져 있는 화교 · 화인은 지역별로 독특한 상부상조의 시스템을 기반으로 상호보완적 네트워크를 형성하고 있다. 고베 화교 · 화인도 마찬가지이다. 그들은 응집력 강한 네트워크를 기반으로 민족집거지를 형성하고 있다. 고베 난킨마치 차이나타운 조성에는 다양한 성격의 화교협회가 중요한 요인으로 등장한다. 고베에는 화교 · 화인의 종합적 단체라고 불릴 수 있는 고베화교총회, 복건회관 · 광동회관 · 삼강회관 등 지연을 중심으로 한 동향회, 화상들로 구성된 경제교류단체 고베중화총상회 등 다양한 단체가 설립되어 있다. 연구팀은 고베 화교협회 중에서도 가장 대표적인 고베화교총회(神户华侨总会), 복건회관(福建会馆), 고베중화총상회(神户中华总商会)를 방문하여 차이나타운 형성 과정에서 화교단체의 역할을 파악하였다.

① 고베화교총회

중국 대륙과 대만의 대립으로 인해 일본 화교 · 화인사회는 대륙계와 대만계로 이분화 되어 있다. 따라서 고베 화교 · 화인사회에서 가장 대표적인 화교협회도 대륙계 화교총회와 대만계 화교총회로 나누어진다. 그 중에서도 고베 지역에서는 대륙계 화교총회가 비교적 활발한 활동을 이어 가고 있다.

고베화교총회는 1946년 제2차세계대전 이후 고베 지역 화교 · 화인이 그들의 권익을 보호하고 단결을 강화하기 위해 설립된 화교단체이다. 1976년 고베화교총회는 1956년에 설립된 고베화교친목회(神户华侨联谊会)와 통합하여 영향력을 확대하였다. 고베화교총회의 설립 취지는 화교 · 화인의 정당한 권익을 보호하고 복지를 강화하며, 문화 · 교육사업을 적극적으로 추진해 중 · 일 양국 우호관계를 촉진하는 것이다.

사진 4.18 고베화교총회(대륙계)
출처: 저자 촬영

고베화교총회는 정부를 대변해 공증서류를 발급하는 등 다양한 업무를 담당하고 있다. 특히 오사카중국영사관이 설립되기 이전, 고베화교총회는 중국 정부를 대변해 여권을 발급하거나 갱신하는 다양한 업무를 대행하였다. 현재는 여전히 국적증명서, 친족관계증명서, 출생증명서 등 다양한 공증서류를 발급하고 있다. 아울러 고베화교총회는 해마다 춘절행사(新年团拜), 봄가을 운동회, 국경절 행사 등을 통해 현지 화교 · 화인의 친목을 도모하고 있다.

고베화교총회는 현지 화교 · 화인사회에서 높은 위상을 차지하고 있다. 총회는 차이나타운에서 대륙계 화교 · 화인을 아우르는 총괄적인 화교단체로, 친목을 도모하는 행사를 주관할 뿐만 아니라, 중일 양국관계를 위한 정치적인 활동도 추진하고 있다. 인터뷰 대상자 스○씨(참여자 1)는 화교 3세대로 현재 고베화교총회 사무국장으로 재직 중이다. 그는 현지 화교 · 화인사회에서 고베화교총회의 역할을 강조하고 있다.

> 참여자 1: 총회는 여기(고베 화교사회)에서 총괄적인 단체라고 말할 수 있어요. 영사관이 들어오기 전에는 영사관 업무도 맡기도 했어요. … 지금은 10살 미만 어린이를 대상으로 여권 업무를 접수하기도 합니다. … 저희 총회에서는 해마다 다양한 행사를 진행하는데, 가장 중요한 것이 춘절에 진행하는 행사(团拜)이구요. 그리고 음악회, 운동회 여러 가지 행사도 해요.

② 동향회: 복건회관

고베에는 복건회관(福建会馆), 광동회관(广东会馆), 삼강회관(三江会馆),[37] 산동회관(山东会馆)을 비롯한 지연(地缘)을 중심으로 한 동향회가 설립되어 있다. 그 중에서도 복건회관은 오랜 역사와 활발한 활동, 끈끈한 친목관계

37 삼강회관은 중국 강소(江苏), 절강(浙江), 강서(江西) 출신 화교 · 화인들로 구성된 화교단체이다.

사진 4.19 고베복건회관
출처: 저자 촬영

를 기반으로 고베에서 가장 대표적인 동향회로 부상하였다.

복건회관의 전신(前身)은 복건공소(福建公所)로, 중국 복건성 출신의 화교들이 자발적으로 설립한 동향회이다. 복건회관은 백여 년이라는 오랜 역사를 가지고 있다. 복건회관의 기록에 따르면, 1870년 고베에는 240명의 화교가 거주하고 있었는데, 복건성 천주(泉州) 출신 왕명옥(王明玉)이 팔민공소(八闽公所)를 창립하면서 복건회관의 역사가 시작되었다.[38]

1972년 5월 일본 정부의 인증을 받아 복건회관은 재단법인으로 변경되었으며, 친목을 도모하고 단결을 강화하며 차세대 화교 인재를 양성하고 중 · 일 양국의 협력과 교류를 위해 노력하는 것을 취지로 활동을 이어가고 있다. 1985년 복건회관은 회원 모금으로 3억 엔을 투자해 8층 건물인 복건회관빌딩을 건축하였고, 1987년부터는 빌딩 일부를 임대해 임대

38 吴伯琳(1990),『福建公所今昔录: 财团法人福建会馆的创立及其现况』, 财团法人福建会馆事务所, p. 109.

사진 4.20 고베복건회관 관리사무실
출처: 저자 촬영

사진 4.21 고베복건회관의 사진자료
출처: 저자 촬영

료로 복건성 출신 유학생에게 장학금을 지원하기 시작하였다.

2017년 현재 복건회관에는 16개의 단체 회원과 41명의 개인 회원이 소속되어 있다. 단체회원은 복건성 출신 화인기업인이 기업 이름으로 참여하고 있다. 복건회관은 해마다 다양한 친목 활동을 개최하고 있는데, 가장 중요한 행사는 춘절에 회원 및 회원 가족과 함께 하는 춘절 모임이다. 또한 해마다 2~3차례에 걸쳐 모국을 방문하여 고향에서 친목 활동을 진행하며, 정기적으로 초청특강을 개최해 중화문화를 홍보하고 고향의 경제발전과 사회변화에 대한 정보를 교류하기도 한다. 복건회관 사무국의 린○○(참여자 4)의 인터뷰에 의하면, 현재 동향회의 가장 주요한 활동은 친목 도모와 차세대 화교 인재 양성이다.

> 참여자 4: 고베에는 광동회관, 삼강회관 이런 동향회가 많아요. 그 중에서도 저희 복건회관이 건물도 있고 해서 영향력이 있어요. … 건물은 총 8층인데 저희 회관에서는 주로 8층만 사용하고 1층부터 7층까지는 임대를 하고 있어요. 임대료 일부는 화교학생이나 유학생들에게 장학금으로 지원하고 있어요. 현재는 일인당 한달에 5만엔, 일년에 60만엔 정도 지원하고 있어요. … 회원들은 가족같이 지내고 있어요. 명절 때마다 모여서 식사하고, 같이 여행도 다니고 합니다.

③ 고베중화총상회

고베중화총상회는 업연(业缘)을 중심으로 구성된 화교 · 화인 경제무역단체이다. 1909년 2월 청나라는 "상회를 설립하여 화교 각 방(帮)을 단결하는 것을 급선무"[39]로 판단해 고베 지역 파견 영사 장홍갑(张泓甲)에게 화교 상회를 설립할 것을 요구하였다. 따라서 장홍갑은 고베 화상과 협의하여 1909년 9월 26일 고베중화상무총회(神户中华商务总会)를 설립하였다. 고베중화상무총회는 "화상을 단결하고 화교경제를 발전시키며, 공공이익을 보호하는 것"을 취지로 운영되었으며, 1918년 고베중화총상회로 개명하여 현재까지 사용하고 있다.

1979년 고베중화총상회는 10층 건물인 고베중화총상회빌딩(KCC빌딩)을 신축하였으며, 빌딩 2층에는 일본의 유일한 화교박물관 고베화교역사박물관이 운영 중이다. 1995년에 이르러 고베중화총상회는 총 77명의 회원이 있었으며, 화교경제무역을 발전시키고, 현지 화교 · 화인의 복지를

---

39 神户中华总商会: http://www.hgzz.net/baike/88193.html(검색일: 2017.05.08.)

사진 4.22 고베중화총상회
출처: 저자 촬영

도모하기 위해 다양한 시도를 하고 있다.

고베중화총상회의 주요 활용내용은 경제무역 관련 정보교류를 활성화시키고, 국내외 화상의 친목을 도모하며, 회원을 위해 자문 서비스를 제공하거나 회원 갈등을 조정하는 것이다. 아울러 화교학교에 대한 지원을 통해 화교 · 화인의 민족교육을 활성화시키는 것도 주요한 업무 중의 하나이다.

> 참여자 5: 저희 중화총상회의 주요 활동은 회원들의 경제활동을 활성화시키는 것입니다. 그래서 정기적으로 전문가를 초청해 정보를 교류하고 소통을 하고 있습니다. 회원들이 자주 모임을 하는 편입니다. … 문제점이라면 신입회원이 너무 적다는 것입니다. 젊은 세대 회원 영입이 시급해요.

사진 4.23 고베중화총상회 내부 사진
출처: 저자 촬영

(2) 민족교육의 장: 고베중화동문학교

고베중화동문학교는 현지 화교가 자발적으로 창립하고, 그들이 스스로 운영하는 학교로, 1899년 5월 28일 고베를 방문한 양계초(梁启超)의 제의로 설립되었다. 중국대륙과 대만의 대립으로 인해 일본 화교학교는 대륙계와 대만계로 이분화 되어 있는데, 고베중화동문학교는 중국 간체자를 가르치는 대륙계 화교학교이다.

고베중화동문학교의 전신(前身)은 고베화교동문학교이며, 1939년 고베오사카중화공학(神阪中华公学)과 합병되어 현재의 고베중화동문학교로 되었다. 100여 년의 역사를 유지하고 있는 고베중화동문학교는 "단결우애, 호경호조(团结友爱, 互敬互助)"라는 교훈(校训)으로 꾸준히 화교 · 화인 인

사진 4.24 고베중화총상회 인터뷰 사진
출처: 저자 촬영

재를 양성하고 있다. 학교의 설립취지는 화문교육을 통해 차세대 화교 · 화인들이 중국의 역사, 지리 등 다양한 정보를 획득해 모국을 정확히 이해할 수 있도록 하고, 향후 중일 양국관계를 위해 힘을 이바지 할 수 있도록 인재를 양성하는 것이다.

고베중화동문학교는 초등학교와 중학교를 운영하고 있다. 2016년 기준 총 690명의 학생이 재학 중에 있으며, 그중 초등학생이 475명, 중학생이 215명이다.[40] 고베중화동문학교는 학생들의 출신이나 국적을 불문하고 대륙 및 대만 출신 화교 · 화인뿐만 아니라, 일본인, 미국 · 한국 국적 학생을 비롯한 외국인 학생이 함께 어울리는 다문화 교육공간으로 성장하고 있다.

표 4.1 2016년 고베중화동문학교 학생 규모

구분	초등학교	중학교	학생 수
남학생	258명	122명	380명
여학생	217명	93명	310명
합계	475명	215명	690명

출처: 고베중화동문학교: http://www.tongwen.ed.jp/gaiyou/ninzu.html(검색일: 2017.04.10)

고베중화동문학교는 화교 · 화인들이 운영하는 민족학교이지만, 화문교육과 일본교육을 병행하여 학생들이 모국문화를 이해하고 민족정체성을 유지하는 동시에 일본사회에 진출할 수 있도록 교육을 진행하고 있다. 초등학교의 경우, 일본어 수업이외에는 모두 학교에서 편집한 중국어 교재를 사용하고 있다. 커리큘럼에서 나타나듯이 3학년부터 중국어, 일본어, 영어 3중언어교육을 병행하고 있으며, 특히 중국어 교육을 중요시하고 있다. 또한 음악, 미술, 체육 등 수업에는 민족음악, 수묵화, 태극권, 중국식 종이공예(剪纸) 등 전통 문화를 경험할 수 있는 내용으로 수업을 진행하여 학생

40 神户中华同文学校: http://www.tongwen.ed.jp/gaiyou/ninzu.html(검색일: 2017.04.30.)

표 4.2 고베중화동문학교 초등학교 커리큘럼

학년	중국어	일본어	수학	자연	상식	사회	지리	역사	음악	미술	체육	서예	영어	주회	합계
6학년	9	3	6	3				2	2	2	3	1	1	1	33
5학년	9	3	6	3			2		2	2	3	1	1	1	33
4학년	10	3	5	2.5		2.5			2	2	3	1	1		32
3학년	10	3	5	3		3			2	2	2	1			31
2학년	11	2	5		2				2	1	3				27
1학년	12	1	4		2				2	1	3				26

출처: 고베중화동문학교: http://www.tongwen.ed.jp/kyoiku/curriculum_sho.html(검색일: 2017.04.30)

들이 민족문화를 접하는 동시에 민족정체성을 유지할 수 있도록 한다.

중학교에 와서는 초등학교와 달리 중국어, 지리, 역사 이외의 모든 수업은 일본중학교가 사용하는 일본어 교재를 사용한다. 초등학교에서는 학생들의 중국어 능력을 향상시키고 모국에 대한 이해를 강화하기 위해 중국어 교재를 사용하지만, 중학교에서는 학생들의 일본학교 진학 및 현지사회 진출을 위해 일본교재를 사용하고 있는 것이다. 따라서 고베중화동문학교 졸업생 대부분은 일본 고등학교로 진학하고 있다. 이를 위해 학교 측에서는 3중언어교육을 통해 학생들의 언어능력을 강화하는 동시에 일본 학교 진학을 위한 교육을 강화하고 있다. 고베중화동문학교는 일본어 수업 외의 모든 수업을 중국어로 진행하지만, 〈표 4.3〉에서도 나타나듯이

표 4.3 고베중화동문학교 중학교 커리큘럼

학년	중국어	일본어	영어	지리	역사	일본사회	수학	이과	음악	미술	기술가정	체육	도덕	주회	합계
3학년	5	5	4			3	5	4	1	1	2	2	1	1	34
2학년	6	4	4		3	3	4	3	1	1	2	2		1	34
1학년	6	4	4	3		3	4	3	1	1	2	2		1	34

출처: 고베중화동문학교: http://www.tongwen.ed.jp/kyoiku/curriculum_sho.html(검색일: 2017.04.30.)

사진 4.25 고베중화동문학교
출처: 저자 촬영

중학교에 이르러서는 중국어 교육보다 일본어 및 영어 교육을 강화하고 있다. 이는 학생들의 일본사회 적응 및 진출을 위해 기반을 마련하고 있는 것이다.

고베중화동문학교는 고베 화교 · 화인사회가 존속할 수 있는 가장 중요한 화교단체이다. 화교학교는 화교 · 화인이 그들의 언어를 습득하고, 민족문화를 계승하며, 정체성을 유지하는 핵심장치인 동시에 차세대 화교 인재를 양성하는 민족교육의 장이다. 백여 년의 역사를 가지고 있는 고베중화동문학교는 화교 · 화인이 단일민족국가 일본에서 완전히 동화되지 않고 그들만의 공동체를 구축해 민족집거지를 형성할 수 있는 기반을 마련한 것이다.

(3) 종교신앙의 중심지: 관제묘

관제묘는 고베 개항이후 중국계 이주민과 역사를 함께한 종교신앙의 장이다. 최초의 관제묘는 1877년 당시 화교 리더 맥소붕(麦少鹏)의 주도 하에 설립되었다. 관제묘는 1945년의 전쟁과 1977년 화재, 1995년 지진으로 인해 여러 차례 파괴되었다가 고베중화회관에 의해 재건되었다.[41] 현재 관제묘는 재단법인 중화회관에서 운영 관리하고 있다.

관제묘는 현지 화교 · 화인들이 모국에 대한 향수를 표출하고, 고향에 대한 상징과 기표를 생활터전에 구현한 정착기제 중의 하나이다.[42] 고베 관제묘에는 중국 전통 문화사상에서 충성과 의리를 상징하는 관우(关羽)를

사진 4.26 고베 관제묘
출처: 저자 촬영

41 郭玉聡(2005), p. 42.
42 김혜련(2016), p. 299.

사진 4.27 고베 관제묘 내부 사진
출처: 저자 촬영

모시고 있을 뿐만 아니라, 관음보살 및 중국 전통 민간신앙인 마조(妈祖)도 함께 모시고 있다. 매년 음력 5월 13일의 "관제축제(关帝祭)"와 3월 19일, 6월 19일, 9월 19일 "관음축제(观音祭)", 3월 23일의 "마조축제(妈祖祭)" 때마다 화교 · 화인들은 관제묘를 찾아 다양한 종교 활동을 진행한다.

> 참여자 7: 관제묘는 화교에게 특별한 의미가 있어요. 여기는 우리의 정신적인 고향이라고 해야 될까요? (웃음) … 고베에 있는 화교들은 여기에 안 와본 사람을 없을 것입니다. 명절이나 행사 있을 때마다 사람들이 찾아오죠. …

(4) 화교역사의 전승: 고베화교역사박물관

요코하마와 나가사키의 차이나타운과 비교할 때, 고베 차이나타운의 가장 큰 특징은 바로 일본의 유일한 화교역사박물관이 설립되어 있는 것이다. 고베화교역사박물관은 1979년 10월 23일에 설립되었으며, 고베중화총상회 회장을 맡았던 진덕인(陈德仁)의 주도 하에 설립되었다. 현재 박

사진 4.28 고베화교역사박물관
출처: 저자 촬영

물관은 중화총상회빌딩 2층에 위치해 있다.

고베화교역사박물관은 민영 박물관으로 주로 고베중화총상회의 지원과 박물관 입장료, 설립자 진덕인의 개인 자금으로 운영되었다. 1998년 진덕인이 돌아가신 이후, 박물관은 재정적 어려움으로 폐관위기에 직면하였다가 2002년 왕백린(王柏林)이 관장을 담당하면서 다시 개관하였다. 다시 개관한 박물관은 "고베, 화교, 역사"라는 주제로 총 257건의 전시품을 전시하였다. 그 중 사진이 152건(60%), 서예작품이 15건(6%), 실물 31건(12%), 서적 및 간행물 56건(21%), 기타 3건(1%)이다.[43] 현재 박물관은 2006년 6월에 설립된 "고베화교역사박물관발전기금회"의 모금 활동을 통해 운영되고 있다.

박물관은 주로 고베 화교의 이주역사와 현지 화교 · 화인사회 실태를 소개하는 자료들을 전시하고 있다. 이주 역사 부분에서는 총 6개 주제로 나누어 자료를 전시하고 있는데, "고베개항과 중국인의 이주"부분에서는

43 일본고베화교역사박물관: http://www.baike.com/wiki/%E6%97%A5%E6%9C%AC%E7%A5%9E% E6%88%B7%E5%8D%8E%E4%BE%A8%E5%8E%86%E5%8F%B2%E5%8D%9A%E7%89%A9%E 9%A6%86(검색일: 2017.05.08.)

사진 4.29 고베화교역사박물관 내부 사진
출처: 저자 촬영

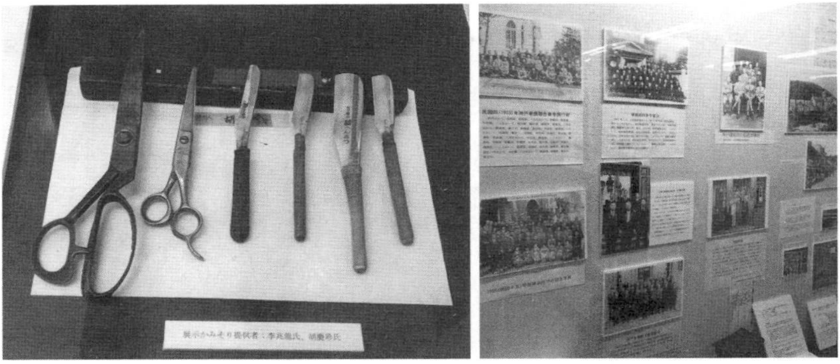

사진 4.30 고베화교역사박물관 소장 자료
출처: 저자 촬영

고베 개항 당시의 그림, 화교들이 고베에 유입했을 당시 발급받은 호적패(户籍牌), 화상들의 상가, 화교들이 창간한 신문 등을 전시하고 있다. “고베 화교와 신해혁명”부분에서는 신해혁명에 대한 고베 화교의 지원 관련 자료들을 전시하고 있다. “화교사회의 발전”부분에서는 화교단체 현황과 현지사회와의 교류 관련 사진을 전시하고 있으며, “항일전쟁과 화교”부분에

사진 4.31 고베화교역사박물관에서 전시된 인천차이나타운 관련 자료
출처: 저자 촬영

서는 일본 정부에게 박해를 받은 화교들의 사진을 전시하고 있다. "화교사회의 부흥"부분에서는 제2차세계대전 이후 고베화교사회의 부흥 과정을 소개하고 있는데, 주로 화교들이 설립한 금융기구, 병원, 중화동문학교, 관제묘 등 사진을 전시하고 있다. 마지막으로 "공생공영의 시대"부분에서는 중화회관, 동향회, 손문기념관 등 화교들의 문화교류 활동을 나타내는 사진을 전시하고 있다.

화교 · 화인사회 실태 부분에서는 총 7개 주제로 고베 화교 · 화인을 소개하고 있는데, "화교의 경제활동" 부분에서는 이주 초기 고베 화교 경제활동의 실태와 관련된 사진자료를 전시하고 있다. "화교와 고베의 성냥산업" 부분에서는 오사카, 고베 지역 성냥산업의 발전과 화교와의 관계를 소개하고 있고, "고베중화동문학교백년사"에서는 화교학교의 역사를 전시하고 있다. "난킨마치" 부분에서는 고베 난킨마치의 역사를 사진자료로 소개하고 있고, "오금당(吴锦堂)의 생애" 부분에서는 절강 화교 오금당의 생애사를 전시하고 있다. "고베 관제묘" 부분에서는 화교들의 종교 활동, 관제 · 마조 · 관음보살을 모시는 모습을 전시하고 있으며, "일본의 화교" 부분에서는 요코하마 쥬카가이와 나가사키 쥬카가이의 모습을 소개하고 있다. 마지막으로 "화교와 체육" 부분에서는 화교들의 등산하는 모습과 운동회를 개최하는 모습을 전시하고 있고, "세계화상대회" 부분에서는 역대 화상대회 포스터를 전시해 세계화상대회의 역사를 소개하고 있다.

참여자 8: 고베가 요코하마, 나가사키 차이나타운과 비교할 때 가장 큰 특징이라면 바로 이 화교역사박물관입니다. 일본에 유일한 박물관이 고베에 있어요. … 박물관에는 사진이나 서적 등 많은 전시품이 있는데, 저희는 역사를 이어가는 사명을 가지고 있습니다. …

5. 화교단체의 역할

제4장에서는 현지조사를 중심으로 일본의 3대 차이나타운 중 요코하마 쥬카가이와 고베 난킨마치 차이나타운을 세부적으로 검토하였으며, 이러한 차이나타운에 조성된 다양한 화교단체를 살펴보았다. 단일민족국가 일본에서 화인 디아스포라가 현지에 완전히 동화되지 않고 그들만의 민족 정체성을 유지하면서 공동체를 구축할 수 있었던 것은 화교단체의 역할이 있었기 때문이다. 다음은 고베 난킨마치 차이나타운을 중심으로 화교단체가 민족집거지를 형성하는데 미치는 영향과 역할을 세부적으로 검토하고자 한다.

1) 다차원적 민족공동체 구축

고베 차이나타운에는 경제중심지 난킨마치가 조성되었을 뿐만 아니라, 화교총회 · 동향회를 비롯한 화교협회, 민족교육기관, 화교박물관 등

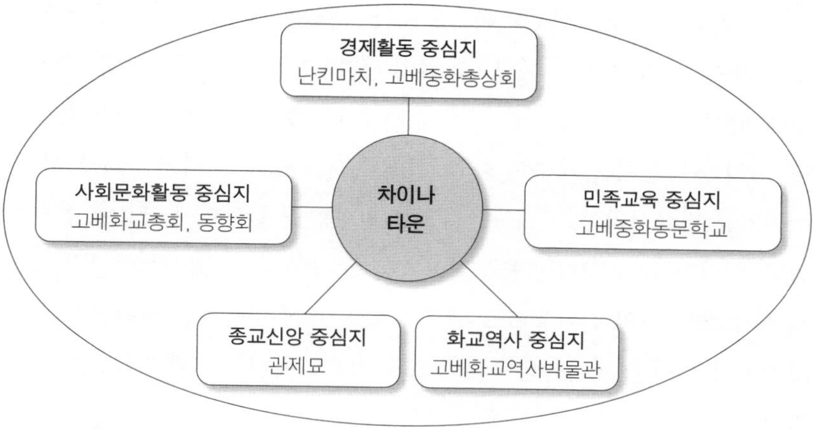

그림 4.2 고베 난킨마치의 다차원적 민족공동체

다양한 성격의 화교단체가 구축되어 있다. 이러한 화교단체의 활발한 활동으로 인해 고베 난킨마치 차이나타운은 현지 화교 · 화인의 경제활동, 사회 · 문화 활동 중심지인 동시에 민족교육 · 종교신앙의 장이기도 하며, 고베 화교 · 화인의 역사를 전승하는 이주민 공간이기도 하다. 고베 난킨마치 차이나타운은 화교단체를 기반으로 다차원적인 민족집거지를 조성하고 있다.

고베의 화교단체는 현지 화교 · 화인이 친목을 도모하고 응집력을 강화하기 위해 스스로 구축한 단체로 각자 다른 역할을 담당하고 있다. 첫째, 난킨마치상점가진흥조합과 고베중화총상회를 중심으로 고베 차이나타운은 현지 화교 · 화인들의 경제활동 중심지로 부상하였다. 난킨마치상점가진흥조합은 난킨마치 제반 업무를 관리하고 있으며, 정기적인 축제와 특색 있는 상가로 난킨마치를 전통문화 상품을 판매하는 상업지역으로 조성하였다. 또한 고베중화총상회는 업연을 중심으로 한 경제무역단체로, 현지 화교 · 화인의 경제활동은 물론 해외 화상과의 네트워크를 강화해 고베 차이나타운의 경제발전을 도모하고 있다.

둘째, 복건회관 · 삼강회관 · 광동회관을 비롯한 동향회를 중심으로 고베 차이나타운은 현지 화교 · 화인의 사회 · 문화 활동 중심지로 되었다. 고베에서는 지연을 중심으로 구성된 동향회의 활동이 활발히 전개되고 있다. 이러한 동향회는 대부분 화교 · 화인의 친목을 도모하고, 회원들의 사회복지를 향상시키며, 사회 · 문화교류 활성화를 주요한 목적으로 설립되었다. 따라서 각 동향회는 중추절(中秋节), 춘절(春节) 등 정기적인 명절모임을 통해 회원 간의 친목을 도모하고 있고, 문화행사를 통해 전통문화를 홍보하거나 장학금을 지원하는 방식으로 화교 · 화인 후속세대를 양성하고 있다.

셋째, 민족교육기관 고베중화동문학교를 설립해 응집력 강한 민족공동체를 구축함으로써 차이나타운을 민족교육의 중심지로 발전시켰다. 고베에 화교학교가 설립되어 후속세대를 양성하는 것은 화교 · 화인사회가 유지되고 발전할 수 있는 가장 주요한 원인 중의 하나이다. 고베중화동문학교는 민족언어와 전통문화 교육을 통해 화교 · 화인의 민족정체성을 강화하고, 화교 · 화인사회가 존속할 수 있는 버팀목 역할을 담당하고 있다.

넷째, 중화회관에 의해 재건된 관제묘는 현지 화교 · 화인이 모국에 대한 향수와 그리움을 표출하는 종교신앙의 장이다. 해마다 관제묘에서 정기적으로 개최하는 "관제축제", "관음축제", "마조축제"는 화교 · 화인의 민족정체성을 강화하고 있을 뿐만 아니라, 차이나타운이 화교 · 화인의 지역적 상징으로 발전하는데 일조를 하였다.

다섯째, 고베화교역사박물관은 일본의 유일한 화교박물관으로, 고베를 화교역사 전승의 중심지로 발전시켰다. 박물관은 고베 화교 · 화인 역사와 관련된 각종 자료를 체계적으로 수집 · 전시함으로써 현지 화교 · 화인의 역사적 정체성을 정립하고, 민족 응집력을 강화하여 네트워크를 형성하는데 기여하고 있다.

2) 화교 · 화인사회 통합

일본 화교 · 화인사회는 동남아시아 지역 화인사회와 달리 특수성을 나타내고 있다. 중국 대륙과 대만의 대립으로 인해 일본 화교 · 화인사회는 대륙계와 대만계로 이분화되어 있다. 또한 일본으로의 이주 시기 및 성장배경의 차이로 인해 구화교(老华侨)와 신화교(新华侨)[44]로 구분된다. 일본 화교 · 화인은 동일한 에스닉그룹임에도 불구하고 정치 · 사회적 원인으로 인해 분화되어 있다.[45] 화교단체는 이러한 분화된 화교 · 화인사회를 융합시키고 통합하는 역할을 담당하고 있다.

우선, 고베중화동문학교는 민족교육기관으로 학생의 출신과 국적을 불문하고 모든 화교 · 화인 학생에게 개방되어 있다. 따라서 학교에는 대륙계와 대만계 학생은 물론, 여전히 모국 국적을 유지하고 있는 화교학생과 귀화하여 일본국적을 취득한 화인학생이 있을 뿐만 아니라, 신화교와 구화교 학생이 함께 어울려서 교육을 받고 있다(〈표 4.4〉 참조). 학생들은 화

표 4.4 고베중화동문학교 재학생 국적별 현황(2005년) (단위: 명)

구분	중국국적		일본국적		기타 국적	합계
	구화교	신화교	화인	일본인		
초등학교	81	71	229	59	12	454
중학교	39	19	97	17	6	176
합계	120	90	326	76	18	630

출처: 裘晓兰(2009): 「试论日本华侨学校的法律地位及其所带来的问题」, 『华侨华人历史研究』 2009年第1期, p.63; 김혜련(2015), p. 304. 재인용

44 구화교는 제2차세계대전 이전에 일본으로 유입해 현재까지 정착하고 있는 중국계 이주민과 그들의 후예를 지칭하고, 신화교는 제2차세계대전이후 특히 1972년 중일수교 이후 새롭게 일본사회로 유입한 중국계 이주민을 가리킨다.

45 김혜련(2015), p. 309.

교학교라는 개방된 공간에서 국적과 출신에 상관없이 함께 민족교육을 받고 있다. 따라서 고베중화동문학교는 일본의 분화된 화교 · 화인사회를 통합하는데 적극적인 촉매역할을 담당하고 있다. 인터뷰에서도 화교학교의 이러한 통합역할이 잘 나타나고 있다.

> 참여자 6: 화교단체 거의 모든 사람들이 동문학교에서 졸업했어요. … 학교에는 대륙계, 대만계, 신교, 구교, 일본인 등 다양한 사람들이 있어요. 저는 대만 출신이지만 대륙계 학교를 다니고 있잖아요. 그래서 말투도 대만 말투, 북경 말투 여러 가지가 섞여있어요. … 오사카에 대만계 학교가 있기는 하지만 여기 학부모들은 모두 동문학교로 보내요. … 학교라는 공간에서 화교가 융합되는거죠.

다음, 고베중화총상회, 복건회관 등 화교단체도 현지 화교 · 화인사회를 통합시키는데 적극적인 영향력을 행사하고 있다. 고베중화총상회의 경우, 회원 모집에 있어서 대륙계, 대만계를 구분하지 않고 있으며, 최근에는 단체 규모를 확대하기 위해 적극적으로 신화교를 영입하고 있다.

> 참여자 1: 저희 총상회에는 대륙계, 대만계를 따지지 않아요. 다 화교라고 생각해요. 이전에는 정치적인 원인 때문에 민감한 부분이 있었지만, 지금은 어울리고 융합하는 것이 중요해요. 그래서 총상회에서도 회원모집이나 행사 개최할 때도 적극적으로 구교, 신교, 대륙계, 대만계 구분 없이 진행하고 있어요.

3) 모국과의 연계 유지

화교 · 화인은 비록 모국을 떠나 해외에서 새로운 삶을 개척한 디아스포라 집단이지만, 모국과의 연계는 단절되지 않는다. 그들은 고향에 대한 그리움과 모국에 대한 집합적인 기억을 기반으로 모국과의 연계를 유지하고자 한다. 고베의 화교단체가 바로 현지 화교 · 화인과 모국의 연계를 유지하는 연결고리 역할을 담당하고 있다.

고베화교총회의 경우, 가장 주요한 업무 중의 하나가 바로 중국 국적을 소지하고 있는 화교들에게 공증서류를 발급하고, 다양한 행사를 통해 모국과의 연계를 유지하는 것이다. 총회는 모국방문, 초청특강 등 다양한 행사를 개최해 현지 화교 · 화인들이 모국에 대한 이해를 강화하고 모국과의 연대를 증진하기 위해 노력하고 있다.

> 참여자 1: 오사카에 영사관이 설립되기 전에 총회는 중국을 대변에 다양한 정치적인 활동도 행사했던 거로 알고 있어요. 그만큼 중국과 연계가 밀접했다는 것이죠. … 지금은 주로 증명서류를 발급한다든가 뿌리찾기 여행(寻根之旅) 이런 행사를 통해 고향을 알아가도록 하고 있어요.

복건회관을 비롯한 동향회는 모국과의 연대를 유지하고 있는 동시에 중국 대륙과 대만의 우호관계 유지에도 적극적인 영향력을 행사하고 있다. 우선, 복건회관은 모국에 투자하고 고향 출신 유학생에게 장학금을 지원하는 방식으로 모국과의 연계를 유지하고 있다. 복건회관은 고향의 발전을 위해 적극적으로 투자하고 있으며, 여러 차례 의료기구, 공공버스를 지원하는 방식으로 고향 발전에 힘을 보태왔다. 다음, 복건회관은 대륙 및 대만 출신 화교 · 화인을 아우르는 화교단체로, 중국과 대만의 교류 활성화를 위해 교량 역할을 담당하고 있다. 예컨대 한신대지진(阪神大地震) 당시 중국과 대만은 모두 적극적으로 현지 화교 · 화인사회를 지원하였는데, 복건회관은 지원금 및 지원 절차와 관련해 중개역할을 담당함으로써 양측의 교류 협력을 강화하였다.

이렇듯 1868년 고베 개항이후 중국 복건, 광동, 절강, 강소, 강서 출신의 중국계 이주민이 현지로 유입되어 점차 그들만의 민족집거지를 형성하기 시작하였다. 백여 년의 현지적응 과정을 거쳐 화교 · 화인들이 자발적으로 구축한 고베 난킨마치 차이나타운은 문화적 다양성이 구체화된 이주민 공간으로 성장하였다. 고베에서 화교 · 화인의 전통문화가 보존된 민족집거지가 형성될 수 있는 것은 다양한 화교단체가 영향력을 행사하였기 때문이다.

V

맺음말

전 세계의 중요한 사건과 이슈들은 점점 더 국제이주와 연관되고 있다. 오늘날 국제이주는 더 이상 특정 집단의 경계를 넘나드는 인구이동이 아니라, 전 지구적인 이주 이른바 '이주의 시대'가 도래된 것이다. 다양한 이주민 집단 중에서도 화인 디아스포라는 거대한 인구규모와 초국가적인 네트워크, 안정적인 현지정착, 확고한 민족정체성, 전통문화 유지 및 전승 등 특징으로 인해 주목받고 있다.

이 책에서는 화인 디아스포라의 이주 흐름과 초국가적 공동체라는 주제로 화인 디아스포라의 새로운 이주 흐름에 해당되는 귀환이주를 구체적으로 검토하였고, 아울러 한국과 일본에 정착하고 있는 화인 디아스포라의 민족공동체 실태, 그리고 이러한 공동체를 형성함에 있어서 핵심역할을 담당하는 화교단체를 세부적으로 살펴보았다. 연구결과를 요약하면 아래와 같다.

첫 번째는 화인 디아스포라의 귀환이주 및 그들의 모국귀환 영향요인 관련 주제이다. 1950년대 이후 해외로 이주한 화인 디아스포라가 모국으로 귀환하기 시작하여 새로운 이주 흐름이 형성되고 있다. 화인 디아스포라는 광동 · 복건 · 운남 · 광서 등 교향(侨乡)을 중심으로 모국사회에 정착하고 있으며, 귀교와 교권이라는 사회공동체를 형성하고 있다. 화인 디아스포라의 귀환이주가 가시화되고 규모가 확대되자, 중국 정부는 귀교와 교권을 대상으로 일련의 지원정책을 시행하였다. 모국으로 귀환한 귀교와 교권은 중국 화교정책의 가장 중요한 대상자 중의 하나이다. 중국 정부의 이러한 귀환동포정책으로 인해 화인 디아스포라의 모국 귀환은 꾸준히 이루어지고 있다. 따라서 이 책의 제2장에서는 화인 디아스포라의 귀환이주 실태와 그들의 모국귀환 영향 요인을 세부적으로 검토하였다. 연구결과, 1950년대 이후 동남아 화인 디아스포라의 귀환이주가 가시화되었으며, 2000년대 이후 해외 유학생의 모국 귀환도 꾸준히 증가하였다. 화인 디아스포라의 모국귀환은 거주국의 배출요인과 모국의 흡입요인, 나아가 해당 디아스포라집단의 선택에 의해 결정된다. 이러한 요인 중에서도 연구팀은 중국정부의 귀환동포정책을 중심으로 화인 디아스포라가 모국으로 귀환하여 정착하는 원인을 검토하였다. 구체적으로 중국은 귀환동포법에 해당되는 『귀교교권권익보호법』을 제정하여 귀교 · 교권의 모국 귀환과 정착에 법적 근거를 마련하였다. 특히 정치, 경제, 교육, 취업, 의료 권리를 명문화시켜 그들의 평등한 법적 지위를 보장하였다. 또한 귀교와 교권의 참정권을 보장하고 정치참여를 독려하여 그들의 정치적 욕구를 수용하고 있다. 귀교는 치공당을 비롯한 그들만의 정당을 구성하고 있을 뿐만 아니라, 전국 및 지방 인민대표대회에 참석하여 그들의 정치적 의견을 반영하고 있다. 더불어 중국은 연금보험, 의료보험, 실업보험, 최저생활보장 등을 비롯한 사회복지권을 보장함으로써 귀교 · 교권의 안정적 모국사회 정착을 지원하고 있다. 다만, 이러한 모국정착 지원은 정책 적용 대상이 지나치게 협소하고, 통합 지원 프로그램이 미흡한 여러 가지 문제점을 내재하고 있다. 한층 더 세분화되고 실효성이 있는 프로그램이 시급한 상황이다. 다른 한편, 중국정부는 최고의사결정 시스템, 화교 참정업무 시스템, 정책계획 시스템 등 체계적인 정책 운영체계를 구축하여 중앙정부에서 지방정부에 이르는 효율적 화교정책을 추진하고 있다. 마지막으로 중국정부는 모국에 체류하고 있는 귀교 · 교권에 대한 지원을 확대하여 해외에 거주하고 있는 화교 및 외국국적화인을 포섭함으로써 모국으로의 구심력을 강화하고 있다.

이렇듯, 중국의 귀환동포정책은 평등과 융합을 핵심 이념으로 화교들의 귀환이주와 모국정착을 지원하고 있으며, 귀교와 교권을 매개로 거대한 글로벌 네트워크를 구축하고 있다. 귀교와 교권은 모국사회에서 평등한 정치 · 경제 · 사회적 권리를 부여받고 있으며, 다양한 지원 프로그램을 통해 주류사회로 융합되고 있다.

화인 디아스포라의 귀환이주 및 중국 귀환동포정책 연구는 한국 재외동포정책을 제고하는데 하나의 사례가 될 수 있을 것이다. 왜냐 하면, 현행 재외동포정책은 여전히 해외거주 재외동포, 특히 재외국민에 집중되어 있을 뿐, 모국 귀환동포 관련 정책은 부재하기 때문이다. 따라서 중국의 귀환동포정책을 벤치마킹하여 '귀환동포법'을 제정하거나, 귀환동포의 모국사회 적응을 위한 프로그램을 개발하는 등 사안을 참고할 수 있을 것이다.

두 번째는 한국화교의 한국 정착 실태 및 그들의 다중정체성, 민족공동체를 형성함에 있어서 중요한 역할을 담당하는 화교단체 관련 내용이다. 한국화교는 오랜 이주 역사를 가지고 있지만, 어려운 귀화 조건으로 인해 안정된 법적 지위를 획득하지 못하고 있으며, 지금까지 많은 화교들은 영주자격을 소지했지만 주변인 내지는 타자로 취급받고 있다. 그들에게는 제한적인 지방 참정권이 부여되고 있을 뿐 피선거권은 인정되지 않으며, 경제활동에서도 많은 제한이 있다. 또한 화교학교의 학력은 인정되지 않아 화교들이 한국 주류사회로 편입되는데 어려움이 가중되고 있다. 한마디로 이들은 사회에 통합되지 못하는 주변인으로 살아온 셈이다. 제3장에서는 백여 년 전부터 한국으로 이주한 한국화교를 거주국과 모국의 사이의 경계에 위치한 디아스포라로 규정하고, 디아스포라 정체성 이론을 바탕으로 한국화교들의 현지 적응 실태를 살펴보았다. 또한 그들의 정체성에 영향 주는 몇 가지 대표적인 요인들을 분석함으로써 한국화교의 거주국과 모국을 모두 포함한 디아스포라적 다중정체성을 고찰하였다.

한국화교의 디아스포라 정체성은 아래와 같이 요약할 수 있다. 우선, 한국으로 이주한 화교집단은 거주국에서 새로운 관계를 형성하였지만, 한국 정부의 차별 정책으로 인해 완전히 동화되지 못하고 이방인으로 살아가고 있다. 비록 화교들에 대한 법적규제는 완화되었지만 한국의 법적, 제도적 상황은 여전히 화교를 이방인으로 간주하는 입장에서 출발하고 있다. 이러한 차별적인 제도들은 그들이 한국사회의 진정한 일원으로 뿌리내리는 데 장애 요인으로 작용하고 있다. 다음, '중화민국' 여권을 소지하고 있는 한국화교들은 대만 정부의 지원과 중국대륙의 신속한 경제발전으로 인해 모국과의 연계를 유지, 강화하고 있다. 한국에 거주하고 있는 대부분 화교는 '중화민국' 여권을 소지하고 있는 산동출신 이민자이다. '중화민국'과 외교관계를 맺고 있을 때, 화교들은 '중화민국' 국적을 취득하고 '중화민국'을 유일한 모국으로 지향하는 정체성을 형성하였다. 하지만 1992년 한 · 중 수교 이후, 중국의 급속한 경제발전과 국제적 지위의 상승으로 인해 한국화교들은 점차 중국을 주목하게 되었으며 중국과의 유대를 강화하였다. 특히 2000년 이후 대만 정부의 지원이 약화되고, 중국의 위상이 격상됨에 따라 화교 사회는 점차 중국에 대한 정체성도 형성하게 되었다. 마지막으로, 제한적인 사회 환경 속에서 화교들은 화교협회, 동향회, 중화총상회를 비롯한 화교단체를 통해 결속력을 강화하였고, 화교학교를 통해 중국인으로서의 정체성을 유지해오고 있다. 비록 화교인구가 급속히 감소하고 있지만, 협회와 학교 등을 중심으로 한 조직적인 노력을 통하여 여전히 그들 나름의 정체성과 결속력을 유지하고 있다. 요컨대 한국화교들은 한국정부의 차별정책, 모국인 중국과 대만의 지원정책, 또한 화교단체의 조직적인 노력을 통해 거주국과 모국의 정체성을 모두 포함하는 다중정체성을 형성하고 있다고 볼 수 있다.

세 번째는 일본 화인 디아스포라의 민족집거지 차이나타운의 현황과 화교단체의 역할 관련 주제이다. 약 75만 명의 중국계 이주민이 정착하고 있는 일본에는 요코하마 쥬카가이, 고베 난킨마치, 나가사키 신치쥬카가이 총 3개의 차이나타운이 조성되어 있다. 제4장에서는 요코하마 쥬카가이와 고베 난킨마치를 중심으로 차이나타운의 현황과 민족집거지에 조성된 화교단체의 실태, 나아가 민족공동체를 형성함에 있어서 화교단체의 역할을 세부적으로 검토하였다.

요코하마와 고베 개항이후 중국 복건, 광동, 절강, 강소, 강서 출신의 중국계 이주민이 현지로 유입되어 점차 그들만의 민족집거지를 형성하기 시작하였다. 백여 년의 현지적응 과정을 거쳐 화인 디아스포라들이 자발적으로 구축한 차이나타운은 문화적 다양성이 구체화된 이주민 공간으로 성장하였다. 요코하마와 고베에서 화인 디아스포라의 전통문화가 보존된 민족집거지가 형성될 수 있는 것은 다양한 화교단체가 영향력을 행사하였기 때문이다.

연구팀은 현지조사와 심층면접을 통해 요코하마 쥬카가이와 고베 난킨마치 차이나타운의 실태와 이러한 민족집거지를 형성한 화교단체의 역할을 분석하였다. 연구 결과, 차이나타운에는 지연 · 업연을 중심으로 구성된 다양한 화교협회가 구성되어 화인 디아스포라 네트워크의 핵심 축 역할을 담당하고 있으며, 민족교육의 장 화교학교가 설립되어 그들의 민족언어와 전통문화를 전승하고 있다. 또한 관제묘를 통해 모국에 대한 향수를 표출하고 있으며, 고베화교역사박물관을 통해 화교의 역사를 이어가고 있다. 이러한 화교단체는 응집력 강한 민족공동체를 구축하는데 핵심 역할을 담당하고 있으며, 분화된 화인 디아스포라 사회를 통합하고, 모국과의 연계를 유지하는데 적극적인 영향요인으로 작용하고 있다.

그러나 백여 년의 역사를 거쳐 화인 디아스포라는 요코하마와 고베에 다양한 화교단체를 구축하고 다차원적인 민족집거지를 조성하였지만, 이러한 화교단체는 운영과정에서 여전히 어려 가지 어려움에 직면하고 있다. 우선, 화교단체 구성원의 노령화가 심화되어 젊은 세대 회원 모집이 시급하다. 화교단체 중에서도 화교총회, 동향회, 중화총상회 등 화교협회 회원의 노령화 문제가 가장 심각한 것으로 나타났다. 복건회관의 경우, 행사에 참여하고 단체 운영을 맡고 있는 회원 대부분이 60세 이상인 것으로 나타났다. 젊은 세대 화교 · 화인의 민족정체성 약화와 일본 주류사회 진출로 인해 회원 모집이 어려워지고 있는 것이다. 따라서 이러한 화교단체들은 젊은 신화교를 영입하고자 노력하고 있지만 효과가 미미하다.

다음, 화교학교, 화교역사박물관 등 단체가 운영과정에서 재정적 어려움을 겪고 있다. 예컨대 고베중화동문학교는 현지 화인 디아스포라가 창립한 민족학교로, 일본문부과학성의 인정을 받지 못해 정부 지원이 없는 상황이다. 비록 학생 등록금과 화교사회의 지원으로 운영되고 있지만, 여전히 불안정한 경제적 어려움에 노출되어 있다. 고베화교역사박물관도 마찬가지이다. 비록 고베중화총상회의 지원과 발전기금회가 설립되어 운영을 이어가고 있지만 여전히 경제적 어려움을 겪고 있다.

이 책은 문헌연구와 심층면접을 주요한 연구방법으로 선정하여 화인 디아스포라의 이주 흐름을 파악하고, 한국과 일본에 정착한 화인 디아스포라의 화교단체를 세부적으로 검토하였다. 한국에서는 인천과 부산, 일본에서는 요코하마와 고베를 중심으로 연구를 진행한 만큼 일정 정도 한계를 가지는 것이 사실이다. 엄밀한 의미에서 화인 디아스포라의 이주 흐름과 초국가적 공동체를 검토하기 위해 한국과 일본 전역의 화인 디아스포라를 선정하여 심층면접을 진행해야 할 것이며, 더불어 한국인, 일본인을 비롯한 현지 주요 사회구성원도 심층면접 대상자에 포함시켜 검토되어야 할 것이다.

| 참고문헌 |

구자억 · 박승재 · 김한나(2014), 『해외인재 유치를 위한 중국정부의 천인계획의 시사점』, 한국교육개발원.

김경학 외(2005), 『귀화의 신화: 해외 인도인의 이주와 정착』, 서울: 경인문화사.

김기호(2005), "초국가 시대의 이주민 정체성: 한국화교의 사례 연구", 서울대학교 인류학과 석사학위논문.

김성은 · 이교일(2019), "한국 정부 유학생 교육정책의 계보와 과제", 『교육문화연구』 제25권 5호.

김혜련 · 여병창(2012), "한국화교의 디아스포라적 다중정체성 고찰", 『국제언어문학』 25호.

김혜련(2015), "일본 화교 · 화인 현지사회 적응에서 화교학교의 역할", 『평화학연구』 제16권 4호.

김혜련 · 임채완(2015), "중국 귀환동포정책의 특징 분석", 『CHINA연구』 제18호.

김혜련(2019), "중국의 해외 우수인재 유치 정책 연구", 『인문사회21』 제10권 4호.

김혜련(2016), "일본 요코하마 차이나타운의 모국 상징기제 연구", 『동북아문화연구』 제46집.

김혜련 · 리단(2017), "일본 화교 · 화인 민족집거지의 형성과 화교단체의 역할", 『동북아문화연구』 제51집.

김혜련(2020), "중국 해외 유학생의 모국 귀환과 귀국 영향요인 분석", 『동북아문화연구』 제62집

궈잉차오(2007), "한국의 화교정책과 한국화교의 사회적 적응에 대한 연구", 전남대학교 대학원 정치학 석사학위논문.

노대명 외(2009), 『사회통합을 위한 과제 및 추진전략』, 보건사회연구원.

박경태(2004), "한국사회에서 화교들이 느끼는 차별의 수준", 최협 외 엮음, 『한국의 소수자, 실태와 전망』, 서울: 한울아카데미.

박은경(1981), "화교의 정착과 이동: 한국의 경우", 이화여대 박사학위논문(1986), 『한국화교의 宗族性』, 한국연구원.

박현옥 · 박정동(2003), "한국화교(인천화교)의 경제활동 및 사회적 지위에 관한 연구", 『IDI연구보고서』, 인천발전연구원.
서정경(2014), "중국동포의 귀환과 한국사회의 과제: '중국의 조선족'과 '한국의 중국동포'를 넘어", 『디아스포라연구』 제8권 제1호.
스티븐 카슬 · 마크J 밀러 지음, 한국이민학회 옮김(2013), 『이주의 시대』, 서울: 일조각.
전영란(2011), 「中國의 海外留學人才 育成政策와 成果」, 『동아인문학』 제20권.
양미경(2017), 「인재순환 관점의 해외 우수인재 유치정책 연구」, 동국대학교 대학원 박사학위논문.
양필승(2000), "한국 화교의 어제, 오늘 및 내일", 『국제인권법』 제3호.
양승필 외(2004), 『차이나타운이 없는 나라』, 삼성경제연구소.
엄한진(2008), "한국이민담론의 분절성", 『아세아연구』 제51권 2호.
오경석(2009), "어떤 다문화주의인가?", 오경석 외 편, 『한국에서의 다문화주의: 현실과 쟁점』, 서울: 한울아카데미.
이동현(2009), "일본의 3대 차이나타운 특징과 시사점", 『부산발전포럼』 115호.
이병훈(2007), "한국의 재외동포정책: 현상과 과제", 『고려법학』 제48호.
이선주(2006), "국제노동이주와 젠더 : 배제와 제한된 포용", 『한국여성학』 제22권 4호.
이소영(2010), "중앙아시아 코리안 디아스포라 민족정체성 비교 연구 : 우즈베키스탄과 카자흐스탄을 중심으로", 전남대학교 석사학위논문.
이정희(2014), "일본의 차이나타운 연구: 고베 난킹마치를 중심으로", 『중앙사론』 40집.
이재광(2004), "한국화교의 역사와 문화정체성: 화교교육을 중심으로", 『중국학연구』 제30집.
이윤희(2004), "동북아 시대 인천 거주 화교의 인권 실태 및 정체성", 『담론 201』 제6권 제2호.
이창호(2010), "한국 화교의 공간인식과 이주성(移住性)", e-Journal Homo Migrans Vol.2.
이형석(2005), "중국정부의 화교정책에 관한 연구", 전남대학교 석사학위논문.
인닝(2008), "한국화교의 정체성 연구 : 부산 지역 화교사회에 대한 설문조사를 중심으로", 부경대학교 국제지역학과 석사학위논문.
임영상 외(2012), 『코리아타운과 한국문화』, 북코리아.
임영언(2011), "초국가시대 세계디아스포라 민족공동체의 변화 양상에 관한 고찰", 『한국동북아논총』 제59호.
임채완(1999), "중앙아시아 고려인의 언어적 정체성과 민족의식", 『국제정치론집』 제39

집 2호.
임채완 외(2014), 『코리안 디아스포라의 집단적 기억과 재영토화』, 북코리아.
임채완 · 박동훈(2006), “한국 화교의 역할과 발전방향”, 『한국동북아논총』 제41호.
임채완 · 전형권(2006), 『재외한인과 글로벌 네트워크』, 서울: 한울아카데미.
장대환(2010), “다문화 사회통합을 위한 정책적 대응: 정책모델 유형선정 기준 중심으로”, 중앙대학교 행정대학원 석사학위논문.
장수현(2002), “한화, 그 배제의 역사”, 『당대비평 19』.
전형권(2006), “우즈베키스탄의 민족정책과 고려인 디아스포라 정체성: 고려인 설문조사 분석을 중심으로”, 『슬라브학보』 제21권 제2호.
전형권(2007), “일본의 보수화와 재일한인의 국적문제: 디아스포라 정체성의 동학”, 『한국동북아논총』 제43집.
전형권 · 김혜련(2012), “다문화시대 한국화교의 사회통합과 ‘인정의 정치’”, 『21세기정치학회보』 제22집 1호.
정근식 · 염미경(2000), “디아스포라, 귀환, 출현적 정체성: 사할린 한인의 역사적 경험”, 『재외한인연구』 제9권 1호.
정신철 · 주경홍(2003), “중국의 화교, 화인정책 및 특징”, 『재외한인연구』 제13권 제2호.
정영록(2002), “화교와 우리의 과제”, 『화교 네트워크와 우리의 기업 활용 방안』, 산업자원부.
조정원(2009), “중국의 화교정책에 대한 연구: 대만의 화교정책과의 비교를 중심으로”, 『민족연구』 제37집.
주경철(2011), “화교 네트워크 확산은 ‘中본국 무관심’ 때문”, 『한국경제』, 2011.05.27.
최승현(2003), “현대 중국교민정책에 대한 소고: ‘외적화인’에 대한 정책을 중심으로”, 『중국학연구』 제16호.
최승현(2007), “화교의 애국심에 문제에 관한 역사적 고찰”, 『중국학연구』 제23권 제1호, 2007,
최승현(2014), “당대 중국 〈귀교교권권익보호법〉의 역사적 배경 및 그 의의 연구”, 『중국인문과학』 제57호.
최현실(2009), “다문화가정 증가에 따른 한국 사회통합 정책 연구: 중국과 싱가포르의 상호성 원리의 한국 사회에 적용가능성”, 『한국민족문화』 35호.
한성미 · 임승빈(2009), “소수민족집단체류지역으로서의 옌볜거리의 장소성 형성 요인 분석”, 『한국조경학회지』 36권 6호.
范世平 저(2014), 한중미래연구소 역, 『중국의 화교정책과 업무체계』, 재외동포재단.

Abrahanmson Mark, *Urban Enclaue; Identity and Place in the World*, New York: Worth Publishers, 2005.
Charles Taylor, *Muticulturalism and "The Politics of Recognition"*, Princeton: Princeton University Press, 1992.
Dong Hoon Seol, "Which Multiculturalism? Discourse of the Incorporation of Immigrants into Korean Society", *Korea Observer*, 41(4), 2010, pp. 593-614.
Edward W. Said, Culture and Imperialism. London: Vintage, 1993.
Nina Glick Schiller, Georges E. Fouron, "Terrains of blood and nation: Haitian transnational social fields." *Ethnic and Racial Studies* 22(2). Routledge. 1999, pp. 342-344.
James Clifford, "Diasporas", Roland Robertson & Kathleen E. White, eds., Globalization: Key Concepts in Sociology Vol.3, London and New York: Routledge, 2003, pp. 423-427.
Robin Cohen, Global diasporas: An introduction, London: UCL Press, 1997.
Stuart Hall, "Cultural Identity and Diaspora", Patrick Williams and Laura Chrisman(eds.), Colonial Discourse and Post-colonial Theory: A Reader, London: Harvester Wheatsheaf, 1994, pp. 392-340.
William Safran, "Diasporas in modern societies: myths of homeland and return." Diaspora, 1(1), 1991, pp. 83-95.

崔承现(2003),『韩国华侨史研究』, 香港: 香港社会科学出版社有限公司.
陳昌福(2010), "'中华人民共和國歸僑僑眷權益保護法'簡介",『上海市社会主義學院學報』2010年第1期.
丁雪峰(2019), "三大因素推动归国留学生人数攀升",『人力资源』2019年第8期.
郭玉聪(2005), "日本华侨华人二 三代的民族认同管窥: 以神户的台湾籍华侨华人为例",『世界民族』2005年第2期.
『歸僑僑眷權益保護法』
黃小堅(2005),『歸國华僑的歷史與現狀』, 香港: 香港社会科學出版社有限公司.
蒋海波(2007), "旅日华商团体的早期历史及其法律地位: 以神户三江商业会为例的考察",『华侨华人历史研究』2007年第4期.
劉國福(2010), "論歸僑身份確認和安置法律制度的現狀與發展",『政法論叢』2010年第2期.

裘晓兰(2009), “试论日本华侨学校的法律地位及其所带来的问题”, 『华侨华人历史研究』 2009年第1期.
王明讓(2012), “华侨国内权益保护的立法建议” 『学理论』 第31期.
王小荣(2012), “日本中华街的发展演变及其认知模式研究”, 『世界建筑』 2012年第7期.
吴伯琳(1990), 『福建公所今昔录: 财团法人福建会馆的创立及其现况』, 财团法人福建会馆事务所.
徐云(2007), “从引文分析看大陆华侨华人研究”, 『华侨华人研究』 2007年 第1期.
岩崎育夫(1997), “東南亞华人資本的海外投資動向”, 『华僑华人歷史研究』 1997年第4期.
张留禄 · 姚小垠(2014), “新形势下我国归国留学生的就业问题”, 『当代青年研究』 第331期.
張晶盈(2013), “华僑農場歸僑的認同困惑與政府的歸難橋安置政策”, 『华僑大學學報』 2013年第1期.
張秀明(2008), “改革開放以來僑務政策的演變及华僑华人與中國的互動”, 『华僑华人曆史研究』 2008年第3期刊.
曾志娟(2008), “日本华人华侨的特点”, 『考试周刊』 2008年第8卷.
周南京(2001), “华侨华人问题概论”, 『华侨华人百科全书 · 总论卷』, 北京: 中国华侨出版社.
朱慧玲(1995), “韩国华侨社会的变迁与特点”, 『华侨华人历史研究』 1996年第2期.
智联招聘华南区人才研究院(2017), 『2017 하이구이 인재 생태 보고(2017海归人才生态报告)』, https://max.book118.com/html/2017/0715/6133213045001034.shtm(검색일: 2019.12.30.)
『中华人民共和國全國人民代表大会和地方各級人民代表大会選擧法』

张玉玲(2008), 『华侨文化の创出とアイデンティティ』, ユニテ.
駒井洋 · 陳天璽 · 小林知子(2011), 『東アジアのディアスポラ』, 明石書店.

국적법 제25조, 국회법률정보시스템: http://likms.assembly.go.kr/lawY(검색일: 2012. 03. 05.)
국적법 제5조, 국회법률정보시스템: http://likms.assembly.go.kr(검색일: 2012. 03. 05.)
국적법시행규칙 제3조 제4항, 국회법률정보시스템: http://likms.assembly.go.kr/law/

(2012. 03. 05)
국회법률정보시스템: http://likms.assembly.go.kr/(검색일: 2011.04.20.)
교육과학기술부 2012, "외국인학교 개요 및 현황", http://www.mest.go.kr/web/267/ko/board/view.do?bbsId=34&boardSeq=18106(검색일: 2012.03.23.)
데일리차이나(2018년 6월 20일 보도), http://dailychina.co.kr/sub_read.html?uid=2348&section=sc3&section2=(검색일: 2019.12.31.)
부산화교중학교: http://www.kbchs.org/index2015(검색일: 2021.02.04)
부산화교협회: http://kboca.kbchs.org/(검색일: 2020.02.02.)
법무부 · 출입국외국인정책본부 『2020년 10월 통계월보』, https://www.immigration.go.kr/immigration/1569/subview.do(검색일: 2021.01.25.)
연합뉴스(2016년 3월 26일 보도), "中 귀국 유학생 60%는 여성 … 배우자 못 찾아 귀국", https://www.yna.co.kr/view/AKR20160326027800083?input=1195m(검색일: 2020.02.20.)
요코하마화교부녀회: http://funuhui.main.jp/index.html(검색일: 2021.02.15.)
인천화교협회(仁川华侨协会): http://skin-skin1－shop1.craik1887.cafe24.com/chi_history.html(검색일: 2021.01.29.)
"인권위, 학력인정안 마련 권고", 연합뉴스, 2006.09.13.
일본 통계청: http://www.e-stat.go.jp(검색일: 2017.04.03.)
일본복건경제문화촉진회(日本福建经济文化促进会): http://fjeca.org/(검색일: 2021.02.15.)
한국부울경중화총상회: http://kbccci.org/(검색일: 2021.02.04.)
한국중화총상회: http://www.kccci.or.kr/(검색일: 2011.04.22.)
한성화교중학교: http://www.scs.or.kr/12345/index7.htm(검색일: 2021.02.03.)
한성화교협회(汉城华侨协会): http://www.craskhc.com/htm/sub0303.htm(검색일: 2021.01.25.)
중앙일보(2019년 11월 23일 보도), https://news.joins.com/article/23639752(검색일: 2020.03.11.)
『재외동포현황 2019』, 재외동포재단, http://www.korean.net/portal/index.do(검색일: 2021.01.16.)
중국화교사무판공실: http://qwgzyj.gqb.gov.cn/yjytt/155/1830.shtml(검색일: 2014.10.30.)
출입국 · 외국인정책본부(2019), 『2019년 12월 통계월보』, http://www.immigration.

go.kr/immigration/index.do(검색일: 2020.03.11.)
하이코리아, 2012,『영주자격부여 대상 확대 안내』. http://www.hikorea.go.kr(검색일: 2012. 03. 10.)

"2016中国留学生发展报告发布", https://baijiahao.baidu.com/s?id=1554219982535006&wfr=spider&for=pc(검색일: 2020.01.15.)
"2018年度人力资源和社会保障事业发展统计公报"(2019), http://www.mohrss.gov.cn/SYrlzyhshbzb/zwgk /szrs/tjgb/201906/W020190611539807339450.pdf(검색일: 2019.11.27.)
2018中国海归就业创业调查报告, https://baijiahao.baidu.com/s?id=1609389952468334444&wfr=spider&for=pc(검색일: 2019.12.31.)
"「广東要明鶴岡郷会」について", https://iss.ndl.go.jp/books/R000000004-I8700751-00?ar=4e1f(검색일: 2021.02.16.)
韓國中华總商会: http://www.kccci.or.kr/(검색일: 2012. 02. 12.)
韓國漢城华僑協会: http://www.craskhc.com/index2.php(검색일: 2012.04.05.)
横滨中华街: http://www.chinatown.or.jp/(검색일: 2015.11.06.)
横滨中华街发展会协同组合: http://www.chinatown.or.jp/guide/q_and_a/(검색일: 2015.11.10.)
南京町: http://www.nankinmachi.or.jp/(검색일: 2017.04.20.)
"日本神户的南京町", http://paper.people.com.cn/rmrbhwb/html/2010－02/05/content_444133.htm(검색일: 2017.04.18.)
日本福建平潭同乡会: http://pingtan-jp.com/(검색일: 2021.02.23.)
神户中华总商会: http://www.hgzz.net/baike/88193.html(검색일: 2017.05.08.)
神户中华同文学校: http://www.tongwen.ed.jp/gaiyou/ninzu.html(검색일: 2017.04.30.)
中國僑網: http://www.chinaqw.com/news/2005/0920/68/314.shtml(검색일: 2014.11.01)
中國致公黨網站: http://news.xinhuanet.com/ziliao/2004-11/06/content_2183587.htm(검색일: 2014.11.07.)
中国教育部,『中国留学回国就业蓝皮书2015』, https://max.book118.com/html/2018/0416/161765637.shtm(검색일: 2019.12.30.)
中华人民共和国教育部: http://www.moe.gov.cn/jyb_xwfb/s5147/201909/

t20190924_400534.html(검색일: 2019.12.20.)
中华人民共和国国务院侨务办公室: http://qwgzyj.gqb.gov.cn/yjytt/155/1830.shtml(검색일: 2021.01.13.)
中华民國僑務委員会: 2012. http://www.ocac.gov.tw/(검색일: 2012. 03. 11.)
中国韩国商会: http://www.korcham-china.net/html/newsflash/newsletter_list.asp?SearchCategory =&SearchSubCategory=&SearchKey=&SearchValue=&flag=READ&Page=1&Seq=15209(검색일: 2019.12.31.)
中国留学网: http://www.cscse.edu.cn/publish/portal0/tab86/default.htm(검색일: 2020.01.02.)
中国教育在线: https://www.eol.cn/(검색일: 2020.03.11.)
智联招聘华南区人才研究院(2017), https://max.book118.com/html/2017/0715/613321304500l034.shtm(검색일: 2019.12.30.)

찾아보기

(ㄴ)

(ㄷ)

(ㄹ)

(ㅁ)

(ㅇ)

(ㅈ)